HISTOIRE POPULAIRE

DE DOUAI.

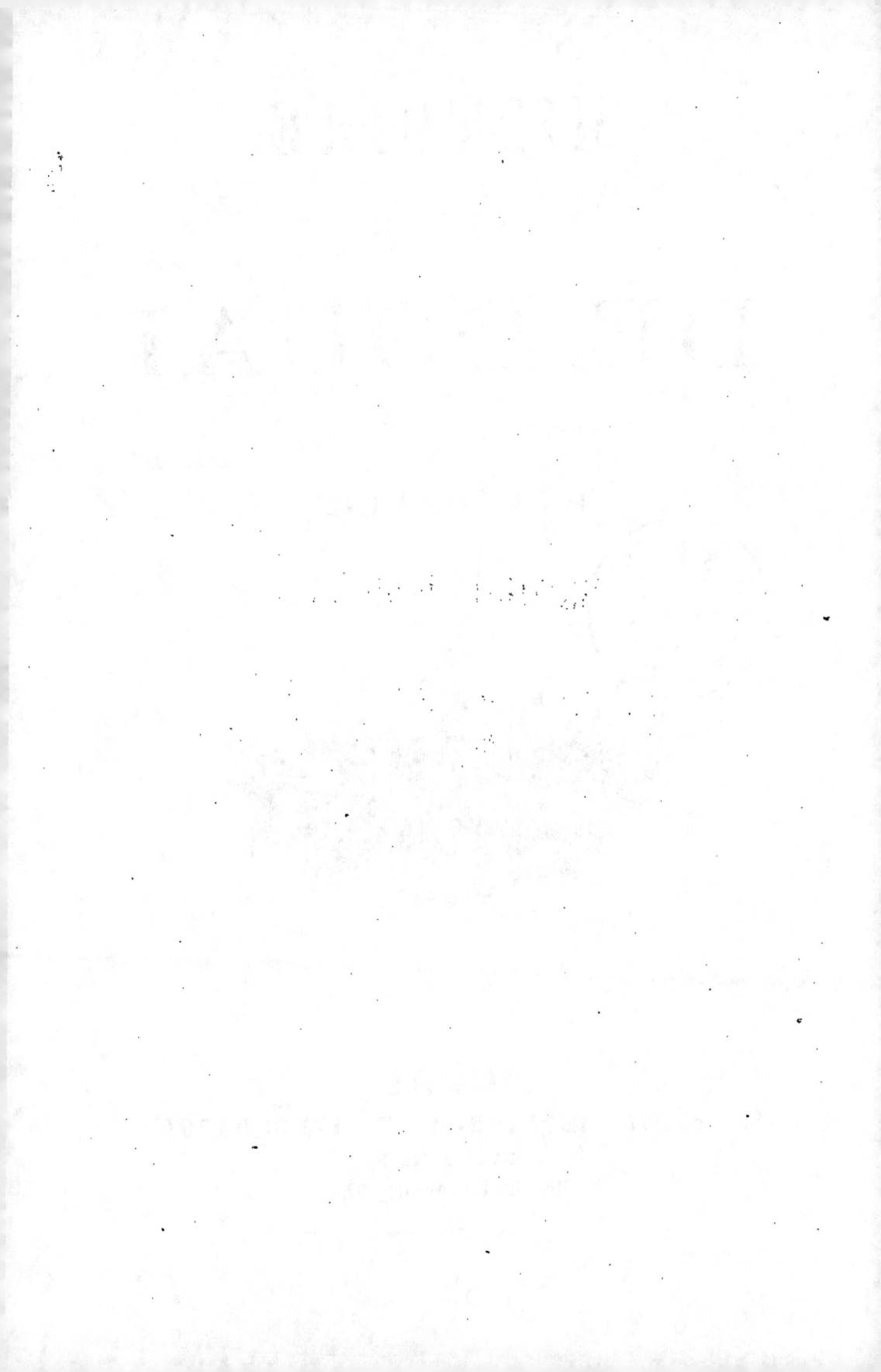

HISTOIRE

POPULAIRE

DE DOUAI

PAR CH. MINE.

DOUAI

L. CRÉPIN, IMPRIMEUR ET LITHOGRAPHE,

LIBRAIRE-ÉDITEUR,

Rue des Procureurs, 32.

— 1861 —

1862

PRÉFACE DE L'ÉDITEUR.

AUX LECTEURS.

On a déjà beaucoup écrit sur Douai; notre histoire locale est un champ où l'on a beaucoup moissonné, c'est un terrain mille fois retourné et que l'on a remué dans tous les sens; il n'en est pas un coin qui n'ait été minutieusement visité et l'on peut avancer sans crainte, que tout ce qui peut être dit sur Douai, soit dans un genre, soit dans un autre, l'a été depuis longtemps. L'auteur de ce petit livre, en mettant au jour son travail sur Douai, n'a donc pas prétendu offrir au public une œuvre originale; encore moins a-t-il voulu donner pour des découvertes des faits connus depuis longtemps dans certains cercles au moins. On n'invente pas et on découvre peu maintenant en histoire, et les derniers venus sont exposés à paraître répéter tout ce qu'ont écrit leurs devanciers.

L'auteur de l'HISTOIRE POPULAIRE DE DOUAI n'a eu qu'un seul désir, il n'a souhaité d'atteindre qu'un seul but : réunir en quelques pages les faits les plus importants et surtout les plus intéressants relatifs à Douai, les raconter simplement et sans emphase, éviter les longueurs et les détails inutiles, et mettre ainsi l'histoire de son pays à la portée de tous les Douaisiens quels qu'ils soient.

Chacun le sait, l'amour de la patrie est un sentiment que les Douaisiens ont toujours porté au plus haut point, et bien peu de cités voient leurs enfants si unis, si désireux de la gloire nationale, si fiers de pouvoir nommer les célébrités appartenant à la mère commune, si heureux de répéter : « Nos ancêtres se sont distingués en telle et telle occasion. » Mais bien souvent tous ces désirs n'aboutissent à rien ; cet amour de la patrie languit faute de trouver la nourriture qu'il cherche avec avidité ; et cela pourquoi ? Parce que le peuple ne peut se procurer les livres écrits sur Douai et qui, par leur seule destination, se vendent à un prix beaucoup trop élevé. Le pût-il encore, il n'en tirerait aucun profit. En effet, chacun de ces livres traite une matière spéciale : qui une époque, qui une coutume, qui un fait particulier, le tout écrit dans un style relevé et destiné à des gens qui connaissent déjà l'histoire de Douai ou bien qui sont à même de l'étudier longuement. Le peuple, lui, n'a point l'habitude de coordonner des faits, d'analyser une coutume, de rapporter à une époque tout ce qui s'y rattache; il s'en suit donc que de cette foule d'écrits, tous plus savants les uns que les autres, le peuple ne retirerait que des idées confuses et un profit bien limité.

Il fallait, par conséquent, pour combler cette lacune, réunir par ordre chronologique les faits se rapportant à notre histoire, les raconter brièvement, leur donner une tournure aussi variée que possible et propre à intéresser, se faire lire enfin, plaire et se faire retenir. L'auteur a essayé de remplir cette tâche, et il donne aujourd'hui le fruit de son travail : la petite HISTOIRE POPULAIRE DE DOUAI. Le succès a-t-il couronné ses efforts? a-t-il réussi? Que tous les Douaisiens le lisent et en jugent. Il compte, du reste, sur l'indulgente bienveillance de ses compatriotes.

On peut dire au moins que le moment était on ne peut plus favorable pour entreprendre la publication d'un ouvrage de ce genre. Tout Douai s'agite, chacun se remue et s'empresse : il faut montrer aux pays qui nous entourent ce que notre ville sait faire lorsqu'elle veut donner à sa fête communale une splendeur inaccoutumée. De tous côtés, on voit paraître des Guides de l'étranger dans Douai, des Notices sur la fête, des Programmes, des Gravures, et que sais-je? mille choses du même genre; pourquoi n'offrirait-on pas aux Douaisiens une Histoire de leur pays? et aux étrangers qui viendront nous visiter, pourquoi n'apprendrait-on pas ce qu'a été jadis cette ville où ils vont goûter des plaisirs si nombreux et si variés?

Nous ne doutons nullement du succès d'un livre publié avec de telles idées et en de pareilles circonstances. Quant à nous, nous sommes heureux d'avoir, en l'éditant, contribué pour notre part à la réalisation du projet de l'auteur et à la satisfaction de tous les vrais Douaisiens et amis de Douai.

L'ÉDITEUR.

HISTOIRE POPULAIRE DE DOUAI

CHAPITRE Ier.

Origine et premiers temps de Douai.

Douai, l'une des grandes villes du nord de la France, est une place forte assise au milieu d'une plaine fertile et belle. La Scarpe la divise en deux parties presque égales et en fait pour ainsi dire deux villes très-distinctes qu'un grand nombre de ponts relient entre elles. Autrefois ces deux parties étaient nommées la ville haute et la ville basse ; mais ces dénominations ont aujourd'hui heureusement et entièrement disparu.

L'origine de Douai est assez incertaine, nous n'hésitons pas à l'avouer ; mais nous trouvons dans cette incertitude même, la preuve de son antiquité. Tous les chroniqueurs s'accordent à lui donner pour commencements un château bâti par les Nerviens, peuple que César appelle les plus vaillants des Gaulois. Ce château ou cette tour était bâti sur l'emplacement actuel de la fonderie de canons et protégeait une peuplade qui occupait un tertre d'une demi-lieue de tour et qu'environnait un marais d'une assez grande étendue. Le tertre était borné sur la rive droite de la Scarpe par un canal ou fossé que l'on peut voir encore et qui partant du pont des Augustins rejoint la Scarpe au pont de Tournai, et sur la rive gauche, par un autre canal qui, partant du même point, se réunit à la Scarpe un peu en deçà du canal de rive droite.

On prétend, et cela est fort probable, que ce château existait déjà au temps de César, et que sans doute il fut un des refuges où les Nerviens cachaient les enfants et les vieillards dans la lutte terrible qu'ils soutinrent contre le conquérant des Gaules. Quoi qu'il en soit, plus tard, lorsque les hordes de barbares vinrent s'abattre sur le Nord de la Gaule, le château de Douai fut d'abord ravagé, et dans la suite pillé et brûlé par les Huns ou plus probablement par les Vandales qui, trouvant le pays a leur convenance, s'y établirent eux-mêmes. Bientôt les Francs arrivèrent; ces nouveaux venus chassèrent les Vandales, réédifièrent le château, en firent même une place importante, et dès-lors, Douai prit rang parmi les principautés des Francs. Nous voyons, en effet, qu'ils y établirent un duc, car en 496 le grand-père de sainte Gertrude, duchesse de Douai, fût baptisé avec le roi Clovis. En 538, Théobald, duc de Douai, chrétien comme son père, fervent comme un néophyte, fit construire à l'endroit où se trouve actuellement la place St-Amé, une chapelle dite la Chapelle-Rouge , laquelle devint plus tard une grande église sous le nom de Notre-Dame, et que des circonstances que nous mentionnerons dans la suite, firent placer sous le patronage de Saint-Amé.

Peu de temps après, vers l'an 560, éclatèrent les dissensions entre les fils de Clotaire. Sigebert chassa Chilpéric de Paris, de Rouen et presque de tout son royaume, le réduisit même à s'enfermer dans Tournai. Il envoya l'assiéger, et comme il était près de partir lui-même, saint Germain, évêque de Paris, lui dit: « Si vous épargnez la vie de votre frère vous vivrez et reviendrez victorieux ; si vous avez d'autres pensées vous mourrez. » Sigebert méprisa cet avis et arriva à

Vitry, près de Douai, où tous les Français de Neustrie le reconnurent pour leur roi ; mais dans le même temps, deux assassins envoyés par Frédegonde, femme de Chilpéric, l'y vinrent trouver et le poignardèrent ; bientôt après ce prince vint lui-même de Tournai pour le faire enterrer à Lambres, près Douai, siége d'un fisc royal.

En 587, sainte Gertrude, fille de Théobald, duchesse de Douai, épousa le duc Rigomer et en eut un fils qui avait nom Ausbert. Par ce dernier, les souverains de Douai firent alliance avec les rois de France de la première race. Ausbert épousa Blitilde, fille du roi Clotaire et sœur de Dagobert, de célèbre et populaire mémoire.

Alors commence pour le Douai primitif une période de splendeur qui dura un assez long temps et dont le souvenir porté sur les traditions religieuses s'est perpétué jusqu'à nos jours. Du mariage d'Ausbert avec la fille du roi de France naquit un fils du nom d'Adalbaud; ce jeune prince, après une éducation solide qui avait été confiée à saint Amand, se rendit à Metz et vécut à la cour de son aïeul Clotaire et de Dagobert son oncle. Sous la conduite de ces princes, il s'y forma aux qualités et aux vertus qui font les grands hommes et les généraux habiles. Il ne tarda pas à se faire connaître. Aussi vers 633, ayant à étouffer une révolte des peuples du midi, Aribert, roi de Gascogne, et Dagobert ne crurent pouvoir faire un meilleur choix. Connaissant son habileté et sa valeur, ils lui confièrent cette entreprise et jugèrent à propos de l'envoyer vers Toulouse, le chargeant de soumettre la Gascogne. Adalbaud ne démentit pas l'idée que l'on avait conçue de son mérite ; il n'hésita pas un instant, et se mettant à la tête de ses troupes combattit vaillamment, vainquit Enolde, roi des Visigoths et épousa sa fille Rictrude. Satisfait de ses services et voulant le récompenser dignement, le roi de France lui donna le titre de vice-roi de Gascogne.

Cette dignité n'empêcha pas Adalbaud de revenir

dans son duché de Douai Il y fut de retour la même année. La ville s'agrandissait alors sous les auspices d'Erchinoald, frère d'Adalbaud et maire du palais. Heureux de ces développements, Adalbaud posa la première pierre à l'église, au château et à la cité que son frère faisait construire à Douai. Mais il ne jouit pas longtemps de ses travaux. Les devoirs de sa charge le rappelèrent souvent dans la Gascogne. Y étant retourné en 643, il y rencontra les deux frères de sa femme et se trouva, paraît-il, en désaccord avec eux ; l'un d'eux, dans la dispute, lui fit sauter le crâne d'un coup de sabre.

La mort d'Adalbaud laissait le duché de Douai entre les mains de Rictrude, sa femme, mère de quatre enfants, dont l'un, le plus connu, est le bienheureux Maurant. Le moment est donc venu de retracer en quelques mots l'histoire de saint Maurant, patron de Douai, et de sainte Rictrude, sa mère. Ces légendes sont tellement populaires à Douai, que nous en parlerons ici plutôt pour les rappeler au souvenir de nos lecteurs que pour leur apprendre des faits que tous ils connaissent déjà.

Sainte Rictrude, comme nous l'avons dit plus haut, était fille d'Ernolde, roi des Visigoths. A la mort du bienheureux Adalbaud, son mari, elle résolut de se consacrer tout entière à l'éducation de ses enfants. Ce projet devait rencontrer des obstacles dans son exécution. Le roi Clovis II proposa de secondes noces à Rictrude et voulut l'obliger d'épouser un des principaux seigneurs de sa cour ; mais elle demeura ferme dans sa résolution, et par le conseil de saint Amand, elle se retira dans l'abbaye de Marchiennes, sur la Scarpe, et de cette retraite put vaquer librement à son occupation favorite, l'éducation pieuse et sainte de ses enfants. Plus tard, lorsque ses enfants eurent grandi, elle songea à se retirer complètement du monde et fonda un monastère dont ses vertus lui firent bientôt donner la direction. Formée par ses pieuses leçons, ses trois filles imitèrent bientôt son exemple, et comme elle, se consacrèrent à la vie religieuse dans son monastère de Marchiennes.

Eusébie cependant, quoiqu'éprouvant un grand attrait pour ce genre de vie, ne pouvait consentir à demeurer à Marchiennes, et chaque nuit, en compagnie d'une confidente, elle sortait et se rendait non loin de là, au monastère d'Hamages, pour y louer Dieu. Les remontrances de sa mère ne purent rien sur sa détermination et celle-ci résolut d'employer la force pour la retenir à Marchiennes. Elle en parla à son fils Maurant, qui était alors un jeune seigneur dans toute la force de l'expression, et le chargea de ramener par force sa sœur au couvent. Maurant, suivant les instructions de sa mère, se tint prêt, et la nuit suivante, au moment où Eusébie sortait du monastère et se rendait à Hamages, il se mit à sa poursuite et l'atteignit à l'instant où elle traversait un petit ruisseau. Maurant, soit qu'il l'eût fait à dessein, soit par mégarde, la blessa au côté avec la garde de son épée et Eusébie en demeura estropiée le reste de ses jours. Mais ni cette blessure, ni tout ce qu'on put inventer, ne put changer la résolution d'Eusébie, et Rictrude, vaincue, dut permettre à sa fille de retourner avec ses compagnes au monastère d'Hamages.

Maurant occupait à cette époque, à la cour du roi Thierry, des charges éminentes : il était forestier et chancelier ou référendaire. Déjà il s'était fait un nom, quand soudain un changement notable se fit remarquer dans ses goûts et ses habitudes; de brillant seigneur qu'il était il devint simple dans ses manières, quitta le monde, reçut le diaconat des mains de saint Amand et devint abbé d'un monastère qu'il avait autrefois fondé à Merville. Il en quitta plus tard la direction pour la céder à saint Amé, qu'une disgrâce avait exilé dans ces pays, et ne la reprit qu'après la mort de ce saint. Saint Maurant mourut à Marchiennes, le 5 mai 701. Des affaires d'une haute importance l'avaient appelé dans ce pays lorsque la mort vint l'y surprendre. Son corps fut réuni à celui de sa mère sainte Rictrude. Avec lui s'éteignit cette noble famille issue de deux races royales et qui avait, pendant quelques années, jeté tant d'éclat sur Douai et ses environs. Mais si en réalité elle a duré peu de temps, son nom a vécu et vivra longtemps encore dans la mémoire des peuples.

Ici se terminent les temps anciens et incertains de Douai. Ces récits pieux et légendaires, que M. Plouvain et d'autres auteurs recommandables n'ont pas craint de rapporter, sont tirés de l'histoire sacrée des saints des provinces de Lille, Douai et Orchies, et tout nous porte à y ajouter foi.

CHAPITRE II.

Douai sous les premiers comtes de Flandre.

Après les événements que nous venons de raconter, nous trouvons dans l'histoire de Douai une lacune qu'aucun des chroniqueurs n'a pu nous aider à combler, et deux siècles s'écoulent sans que rien de remarquable signale la ville de Douai à l'attention des historiens. Laissant donc de côté cette époque, qui à proprement parler ne compte point dans l'histoire de notre cité, nous arrivons immédiatement à l'érection de la Flandre en comté par Charles-le-Chauve. Ici commence réellement l'histoire de Douai, car la ville sort désormais de l'obscurité où elle était restée

plongée pendant quelque temps, et grandissant toujours, deviendra rapidement une des grosses cités
flamandes.

Judith, fille de Charles-le-Chauve, petit-fils de
Charlemagne, avait épousé un des rois saxons d'Angleterre; devenue veuve une première fois, elle se
remaria, selon les uns, au fils de son mari, selon
d'autres, au neveu de ce prince. Cette union ne pouvait, en aucune façon, être approuvée, et Judith fut
rappelée d'Angleterre en France. Lorsqu'elle traversait la Flandre à son retour, Bauduin-Bras-de-Fer,
forestier de cette province, fut chargé de l'escorter.
La beauté de la princesse le séduisit tellement qu'il
se prit à l'aimer, l'enleva de son consentement et
disparut avec elle. Charles-le-Chauve était furieux
et cherchait à se venger des coupables; mais Bauduin
et Judith s'en vinrent à Rome, implorèrent l'inter-
cession du pape Nicolas Ier, et par son entremise
rentrèrent dans les bonnes grâces du roi. Celui-ci,
en 861, donna la Flandre à Bauduin son gendre, à
titre héréditaire et en fit un comté dont il se réserva
toutefois la suzeraineté. Douai, qui faisait partie de
cette contrée, suivit dès-lors et presque toujours les
différentes vicissitudes de la Flandre.

Déjà Douai était une ville importante et une
place de guerre. Dans la seconde moitié du IXe siècle,
les Normands ayant quitté les côtes de la France et
étant devenus plus audacieux, s'avancèrent dans
l'intérieur des terres, portant partout la terreur et
la mort. Les Bénédictins de l'abbaye de Bruel
(Merville), ne se croyant pas dans leur couvent à l'a-
bri de ces incursions, vinrent en 874 chercher un
refuge à Douai. Ils apportèrent avec eux les reliques
de saint Amé, leur patron, et son corps fut déposé
dans l'église de Notre-Dame, qui dès-lors fut appelée
Saint-Amé. Quelques années après, il fut porté à
Soissons pour plus grande sûreté, mais rapporté
depuis à Douai, où il est resté jusqu'en 93.

Aux ravages des Normands succédèrent les dissensions et la guerre civile, et plus d'une fois Douai fut le théâtre de ces guerres sanglantes qui mirent à feu et à sang tout le pays. Raoul régnait alors en France et la dynastie carlovingienne était en voie de décadence. Quelques seigneurs cherchaient à établir une dynastie nouvelle ; de là des luttes sans fin. En 930, Gislebert, comte d'Angers, ayant pris les Lorrains à sa solde, marcha contre Hugues, comte de Paris et contre son vassal Arnould, comte de Flandres, mit le siège devant Douai, s'en empara et le remit aux mains d'un certain seigneur nommé Roger. Celui-ci n'en eut pas longtemps la jouissance, car en 941, Louis d'Outremer voulant s'assurer la fidélité du comte de Flandre, fit remettre à Arnould la ville de Douai, qui lui avait été enlevée.

Vingt ans ne s'étaient pas encore écoulés que de nouveau Douai eut à subir les hasards de la guerre. Lothaire, roi de France, combattant pour son droit contre les envahissements d'une nouvelle dynastie, vint guerroyer au pays de Flandres ; la lutte fut longue et sanglante, et dans cette campagne le roi s'empara d'Arras, de Douai et de beaucoup d'autres villes.

Cette longue série de guerres avait fait sentir aux Douaisiens le besoin de la paix et ils la désiraient fortement ; aussi Walter, châtelain de Douai, jaloux de l'influence qu'exerçait dans cette ville Gérard, évêque de Cambrai, et voulant à tout prix la détruire, répandit dans la ville des bruits tendant à faire croire que ce prélat n'était point ami de la paix. Le peuple s'indigna. Mais soudain le prélat se présente, parle au peuple qu'on voulait tromper, lui fait voir, lui démontre que Walter lui en impose et termine en libérant la foule de quelques-unes de ses redevances. Il n'en fallut pas davantage et Walter dut cesser des menées désormais inutiles, car le peuple se soumit à l'évêque.

L'importance de Douai ne cessait cependant pas de s'accroître : le rôle que cette ville a joué dans la lutte entre Richilde et Robert-le-Frison nous en est un sûr garant. Richilde, comtesse de Hainaut, veuve de Bauduin VI, avait deux enfants, Arnould III et Bauduin. Richilde régente de Flandre pour Arnould, fit donner à son autre fils Bauduin la ville et la châtellenie de Douai. Robert-le-Frison, de son côté, beau-frère de Richilde, demanda la régence et voulut s'emparer de la Flandre.

Il intrigua partout pour se créer des appuis dans les villes et parmi les seigneurs; mais les Douaisiens, quoique vivement sollicités par lui, demeurèrent fidèles au parti de Richilde et de son fils, véritable souverain de la Flandre. Ceux-ci néanmoins et malgré les secours du roi de France furent battus à Cassel, le 20 février 1070. Douai resta toutefois sous la domination des comtes de Hainaut, lesquels étaient si fiers de la gouverner qu'ils ajoutèrent à leurs titres celui de comte de Douai.

Vers cette époque existait à Douai un homme que ses vertus ont fait mettre au nombre des saints et et dont la mémoire est encore vivante parmi nous ; c'est le bienheureux Chrétien, patron des navieurs ou bateliers de Douai. Il était d'une charité inépuisable et nourrissait une grande quantité de pauvres: un jour le pain fut prêt de lui manquer, mais soudain on le vit, comme par enchantement, se multiplier entre ses mains. Ses aumônes purent être faites comme de coutume et ses pauvres se retirer satisfaits.

Cependant Robert-de-Jérusalem, comte de Flandre, ne pouvait souffrir de voir une ville comme Douai aux mains du comte de Hainaut. Au moyen de transactions habiles et peut-être peu loyales, il parvint à se la faire remettre. Bauduin, comte de Hainaut, se trouvant dans l'impossibilité de se venger, remit sa cause sous la protection de l'empereur Henri V d'Allemagne, qui prit les armes et par trois fois tenta l'assaut de la ville de Douai Mais désireux de rester les sujets du comte de Flandre, les Douaisiens

2

se défendirent avec une vaillance digne d'éloges ; trois fois l'empereur fut repoussé et il finit par lever le siège. Le comte témoigna hautement et largement sa gratitude aux Douaisiens.

En 1155, l'ordre des Templiers, établi pour la défense de la terre sainte, et qui comptant à peine trente-sept ans d'existence avait pris déjà d'immenses développements, vint s'établir à Douai. Leur première maison fut bâtie en un terrain marécageux, au-delà de la porte des Welz, actuellement place du Temple. Là ils reçurent des comtes de Flandre, des biens au village de Sin, des rentes et des terres sur Douai, et quelques communes du voisinage. On voit encore dans la ville les restes de cette maison, faibles débris d'une si grande splendeur, mais le peu qui subsiste mérite d'être vu comme monument historique.

Cet évènement, d'une haute importance, fut suivi à quelques années de distance par une querelle plus intime et moins éclatante mais qui peint à merveille les mœurs de l'époque. Gérard, prévôt de Douai, homme d'une illustre naissance, ayant conçu de la haine contre Rinier de Roucourt, son cousin, à cause d'intérêts de famille, le blessa fort dangereusement. Le comte de Hainaut, à son retour d'un tournoi, apprit le crime, crut qu'il violait la justice établie dans ses états, brûla les maisons que le prévôt de Douai possédait à Ermencicourt, démolit la forteresse qui était dans le même village, et confisqua toutes les seigneuries que Gérard de Douai possédait dans le Hainaut. Un neveu de Gérard, Guillaume seigneur de Rueth, prenant parti pour son oncle se vengea sur un domestique du comte qu'il tua traîtreusement. Le comte, furieux, vint à Rueth, brûla le village, pilla et dévasta les fermes et les villages qui appartenaient à la famille du prévôt et força toute sa parenté, qui n'avait pris aucune part à ses crimes, à renoncer à son amitié. Ainsi une discussion d'intérêts entraîna à sa suite une longue série de meurtres et de pillages qu'on eut grande peine à comprimer.

Douai apparaît alors, et presqu'à chaque instant, comme une ville de la plus haute importance, soit dans les guerres, soit dans les traités. Tantôt elle est nommée une cité opulente et puissante par sa milice, tantôt ses guerriers, joints à ceux de Saint-Amand; ravagent l'Ostrevant, se précipitent et jettent l'épouvante dans le camp de Bauduin de Hainaut, qui était venu jusqu'à Auberchicourt, pour insulter la Flandre; plus tard elle sert de place de défense comme frontière entre la Flandre et le Hainaut alors brouillés, plusieurs fois on y laisse de grosses garnisons; enfin, en 1184, elle fait partie, avec l'Ecluse, sa voisine et plusieurs autres cités du douaire de la comtesse Mathilde de Portugal, qui avait épousé Philippe d'Alsace, comte de Flandre. C'est ce prince qui, prenant une généreuse initiative avait, en 1175, octroyé à sa bonne ville de Douai, une charte communale, et qui donna ainsi naissance à tous les développements que la cité prit dans la suite.

Les temps qui suivent immédiatement ne nous offrent rien de bien remarquable à relever dans l'histoire de Douai : la ville était alors occupée à reconstruire l'église de Saint-Amé, qu'un incendie avait détruite. De temps en temps, des bruits de guerre viennent toutefois la troubler encore. Le roi Philippe-Auguste, en lutte avec les Flamands, avait vu leur comte Bauduin s'emparer de Douai et mettre le siège devant Arras où il échoua. Philippe ne perd point de temps, entre en campagne, traverse l'Artois, apparaît en armes sous les murs de Douai, mais trouvant la ville disposée à se bien défendre, il s'en éloigne sans faire contre elle aucune démonstration hostile. Nous arrivons maintenant à une époque bien remarquable de notre histoire locale : le moment où Douai, par suite des hasards de la guerre, passe pour quelque temps sous la domination de la France.

CHAPITRE III.

Douai presque français.

Le titre seul de ce chapitre indique suffisamment quelle sorte d'évènements nous allons y rapporter. Quoique faisant encore, et par son territoire, et par ses mœurs, et par son commerce, partie de cette Flandre si remuante et si célèbre au moyen-âge, Douai, plus par la force des choses que par son attrait particulier, est appelée à passer sous la domination française ; mais alors comme toujours et peut-être plus que jamais, sous l'oriflamme de saint Denis, comme sous la bannière flamande, les Douaisiens sont gens de cœur et se font remarquer par leur vaillance.

Philippe-Auguste, qui connaissait la richesse de la Flandre et qui en politique habile savait calculer tout ce que sa possession pouvait apporter de ressources à la couronne de France, voyait avec beaucoup de peine les tendances que ses intérêts commerciaux donnaient à la Flandre pour l'Angleterre ; aussi fit-il tout au monde pour empêcher les rapprochements possibles entre ces deux contrées. A la mort de Bauduin, comte de Flandre, Philippe-Auguste fit venir à Paris, sa fille Jeanne, toute jeune encore, sous prétexte de lui faire donner une éducation conforme à son rang. Mais ce n'était là qu'un prétexte. Plus tard, par l'influence du comte de Namur son tuteur, il la maria au prince Ferrand de Portugal. Les Flamands, qui avaient rêvé une union avec l'Agleterre, virent ce mariage avec déplaisir, et quand le comte Ferrand se présenta, la Flandre le reçut à regret ; les Gantois insurgés le repoussèrent et même il ne leur échappa qu'en prenant la fuite et en venant chercher un refuge à Douai. Force lui fut pour regagner la confiance de ses sujets de s'allier aux ennemis du roi de France, son protecteur, pour rétablir en leur état primitif les provinces démembrées et ressaisir les villes qui avaient été détachées du territoire. Dès qu'il fut entré dans cette voie, Ferrand ne s'arrêta plus ; loin de se rendre à la convocation que Philippe-Auguste fit à ses vassaux et confédérés, il contracta une alliance franche et ouverte avec l'Angleterre et se prépara à soutenir la lutte. Pour l'en punir, Philippe-Auguste, qui tenait une armée prête à marcher contre l'Angleterre, change aussitôt son plan ; il marche incontinent sur la Flandre, arrive à Douai, qui pour le moment était sans garnison, et sans perdre de temps met le siège devant la ville et s'en empare. Lille, à plusieurs reprises, éprouve le même sort, et bien plus elle est livrée aux flammes. Cependant la lutte continuait, et bientôt les armées ennemies se trouvèrent en présence, et se rencontrèrent dans les plaines de Bouvines, entre Lille, Orchies et Tournai. Philippe, quoique seul contre de nombreux alliés, n'écouta point de timides représentations, et crut que le moment était venu de livrer bataille ; le succès récompensa sa valeur. Les Douaisiens prenant en cette occasion pour cri de guerre ces mots : Gloire aux vainqueurs, combattirent avec vaillance et contribuèrent puissamment au gain de la bataille. Reconnaissant le courage qu'ils avaient déployé en cette circonstance et pour les récompenser dans ce qu'ils avaient de plus cher, Philippe leur accorda la continuation des privilèges que les comtes de Flandre avaient précédemment octroyés à la ville de Douai.

Sous la bienfaisante influence de la France et sous la sage administration des rois de cette contrée, Douai prit une extension tout à fait extraordinaire.

La population allait toujours en s'augmentant et bientôt le clergé de la ville ne suffit plus à ses besoins religieux, et l'on voit à cette époque de nouvelles églises s'élever rapidement, presque coup sur coup. Au mois de juin 1225, le chapitre de Saint-Pierre décréta l'établissement d'une nouvelle paroisse, qu'on appela Saint-Jacques. La raison qui fit donner à l'église récente le nom de ce saint, fut que le terrain sur lequel elle avait été bâtie, avait été donné par un bourgeois de la ville nommé Jacques Painmouillé. Mais cela ne suffisait pas encore; en novembre 1228, c'est-à-dire, un peu plus de trois ans après l'érection de la paroisse Saint-Jacques, le chapitre de Saint-Pierre se rendit aux observations de Pontius, évêque d'Arras, et l'on vit bientôt en un nouveau quartier de la ville s'élever l'église de Saint-Nicolas-en-la-Poterne. Cette église, ainsi que la précédente, n'a pas survécu à la révolution. L'église Notre-Dame, qui est le plus ancien monument de la cité, existait déjà, hors les murs, depuis 1131; mais l'addition à la ville des quartiers du Barlet, rues Notre-Dame et du Canteleu, rendirent nécessaire l'érection d'une nouvelle paroisse. Le clergé de Saint-Pierre donna une nouvelle preuve de son désintéressement; allant au devant des besoins de la population, il détacha encore de son territoire cette partie de la ville, et l'église Notre-Dame devint paroisse de Douai avec dotation pour la cure. Ces additions successives, la fondation de plusieurs monastères à cette époque prouvent surabondamment combien Douai, que l'on appelait déjà une cité puissante, avait un fonds essentiellement religieux. L'abbaye-des-Prés, les Dominicains, dont les couvents subsistent encore et font de magnifiques propriétés; les Trinitaires, qui ont laissé leur noms à l'une de nos rues, et les Cordeliers, datent de cette époque. Mais un évènement qui parle plus haut encore et que nous ne saurions passer sous silence, cet évènement, une des gloires de Douai, est le miracle qui eût lieu dans l'insigne collégiale de Saint-Amé.

Le mardi de Pâques de l'année 1254, un prêtre distribuait la communion dans l'église. Tout à coup soit accident, soit négligence, il laissa glisser de ses doigts la sainte hostie : le corps de Jésus-Christ ne toucha pas la terre, mais volant doucement et traversant le chœur de l'église, il alla se poser sur l'autel. Aussitôt le Sauveur apparut visiblement sous trois formes : comme homme souffrant ; sous la douce figure d'un petit enfant et enfin avec l'aspect d'un juge irrité et armé de la foudre. Une foule immense, accourue de tous côtés, put contempler pieusement et à loisir ce spectacle extraordinaire, et trois mille témoins oculaires en affirmèrent l'authenticité sous la foi du serment. Chaque année, au dimanche qui suit pâques, une procession sortie de saint-Jacques vient jusqu'au lieu où s'opéra le miracle et nous rappelle ainsi le prodige qui étonna nos aïeux. Du reste, nous avons tous été assez heureux pour voir se dérouler devant nous la procession séculaire, témoignage irrévocable de ce miracle, témoignage dont l'éclat est bien fait pour en raviver le souvenir.

Deux ans avant cet évènement, avait eu lieu, à Douai, la solennelle entrée et le serment de Marguerite vingtième, comtesse de Flandre et du comte Guy, son fils. C'est sous le règne de ce prince qu'eut lieu le fameux débat entre les deux grandes cités de la Flandre wallonne : Douai et Lille ; débat dont le prétexe fut bien futile, les circonstances souvent bien ridicules et quelquefois cruelles, mais qui au fond avait sa source dans une question de très-haute importance, la rivalité commerciale de Douai et de Lille. Un Douaisien, Wautier Bonnebroque, avait à plusieurs reprises fait des avances considérables en argent aux commerçants de Saint-Omer, et par ce moyen avait obtenu que nos rivaux les Lillois seraient exclus du commerce des laines que les premiers faisaient avec l'Italie, la Grèce et l'Asie. Ce débouché qui nous était ouvert donnait aux produits douaisiens une immense valeur ; Douai l'emportait donc sur sa rivale. Les Lillois, vexés, jurèrent de se venger ; l'occasion ne tarda pas à se présenter. Au jour de mai de l'an 1284, une fête avait lieu à Douai ; grand nombre de Lillois s'y rendirent et la nuit suivante se portèrent envers quelques habitants de Douai à toutes sortes d'insultes des plus grossières. L'hôtel des Crasses, devenu aujourd'hui l'hôtel du Grand-Cerf, fut le théâtre de leurs exploits. Les jours suivants furent témoins de scènes du même genre et plus déplorables encore ; les Douaisiens ripostèrent et bientôt la querelle s'envenimant, on en vint aux coups, aux blessures, voire même aux meurtres ; le seul nom de Douai ou de Lille suffisait pour exciter la fureur de l'un des deux partis ; ceux de Lille y mirent un acharnement et une animosité sans exemple. Bientôt ces désordres parvinrent aux oreilles du comte Guy, alors occupé dans le Luxembourg ; il ordonna une enquête qu'on ne pût que difficilement mener à bonne fin. Après bien des débats, les gens de Lille furent reconnus coupables et condamnés à différentes peines proportionnées à leurs méfaits.

Le calme se rétablit mais ne fut pas de longue durée, la guerre vint de nouveau porter la désolation dans nos contrées et réduire presque à néant le commerce et l'agriculture qui se trouvaient à Douai dans un état des plus florissants. La lutte entre la France et la Flandre n'avait point cessé et Philippe-le-Bel, dont les finances étaient presque toujours en détresse, prétendit imposer les Flamands et prélever sur eux le cinquantième denier. Des murmures s'élevèrent de tous côtés ; à la nouvelle de cette mesure, Douai se révolta, au lieu de l'impôt qu'il exigeait, les Douaisiens offrirent au roi 7000 livres parisis dont il dut se contenter ; encore finit-il par confirmer les us, coutumes et priviléges de la ville de Douai, la prit sous sa sauve-garde et s'engagea à la défendre envers et contre tous.

Douai ne profita pas de ces avantages ; cette ville se laissa entraîner par l'exemple et les sollicitations du reste de la Flandre et se sépara ainsi que Lille du royaume de France. Alors colère de Philippe, guerre nouvelle. Lille est prise et pillée, Douai forcée de se rendre. Le comte de Flandre s'abaisse de nouveau devant Philippe-le-Bel et obtient la paix. Le roi parcourt alors en souverain toutes les villes de Flandre, partout il est reçu royalement, mais Douai se distingue par la splendeur de la réception. Toutefois le caractère indomptable des Flamands et les exactions du gouverneur amenèrent une nouvelle révolte. Le roi de France fut vaincu à Courtrai, son armée fut décimée et sa noblesse y laissa ses éperons. Le fruit de cette victoire pour la Flandre fut la réunion de Douai et de Lille au comté.

Toutefois Philippe ne se tint point pour battu, en 1304, il reparut en Flandre à la tête de forces considérables et prit de terribles revanches. L'escarmouche de Pont-à-Vendin fournit aux Douaisiens l'occasion de se distinguer, mais bientôt, dans le courant de la même année, ils trouvèrent un théâtre plus digne de leur courage : l'armée flamande avait surpris les Français sur les hauteurs de Mons-en-Pévèle, le désordre qui suit inévitablement un choc inattendu régna dans le camp de Philippe, les Français plièrent et se virent sur le point de perdre la bataille ; mais bientôt ce fut le tour des Flamands ; l'énergie avec laquelle le roi et les seigneurs se défendirent donna du courage à l'armée, les troupes revinrent à la charge et les Flamands durent reculer. La milice Douaisienne sortit alors de la ville pour venir au secours des Flamands en déroute ; elle fit des merveilles et préféra être massacrée que de céder le terrain. Après s'être vaillamment défendus, six cents hommes périrent donnant leur vie pour la défense de la patrie. Pour perpétuer la mémoire de cet événement, Douai compléta ses armoiries et eut ainsi celles que nous lui connaissons encore : Douai porte-gueules à la flèche d'or, frappant le corps de l'écu d'où sort un flot de sang qui laisse tomber six gouttes. Cimier un D gothique en or.

Philippe, vainqueur, n'accorda la paix qu'à des conditions avantageuses pour la France. Il revint encore à son idée favorite, la possession des trois villes wallonnes et la Flandre, quoiqu'à regret dut de nouveau céder à la France, les villes de Douai, Lille et Orchies et les détacher encore de son territoire.

Toujours pressé par le besoin d'argent, Philippe-le-Bel cherchait tous les moyens de s'en procurer. Les trésors des Templiers le tentèrent et leurs désordres lui fournirent une admirable occasion de les perdre. Ceux de Douai furent arrêtés le 7 octobre 1307 et constitués prisonniers. On fit tout pour les détruire, mais par les soins du père Wautier, inquisiteur, et par l'influence de Gérard Pigaloti, évêque d'Arras, ils sortirent sains et saufs de cette affaire. Mais l'ordre était supprimé, leurs biens furent confisqués et donnés ou vendus aux chevaliers de Malte.

Pendant qu'à Douai comme partout on arrêtait les Templiers et qu'on leur faisait des procès qui presque toujours amenaient leur condamnation, Douai, qui sauvait les templiers, servait aussi de refuge aux membres du clergé persécuté. Le siège de Cambrai était vacant, Jean, comte de Namur, profita de l'occasion pour s'imposer en tyran de la ville et ses avanies devinrent tellement insupportables au clergé, qu'il dut quitter la ville et chercher un refuge à Douai, pendant que l'archevêque de Reims lançait l'interdit sur Cambrai et le Cambrésis.

Heureux de posséder Douai dans ses domaines, Philippe-le-Bel ne dédaignait pas d'entrer dans les détails d'administration pour cette ville. En 1312, il approuve par un édit les mesures prises pour le choix des échevins et des administrateurs des deniers publics de la ville de Douai. Bien plus, la même année, il créa à Douai le tribunal dit de la gouvernance, qui y subsista longtemps.

Toutes ces chartes, ces privilèges témoignent hautement de l'importance que l'on attachait à Douai ; mais si le roi de France aimait à la retenir en sa possession, les Flamands voyaient avec peine cette ville détachée de leur territoire et les Anglais voulaient aider de tout leur pouvoir à la réconquérir. En 1339, Edouard, roi d'Angleterre, après avoir pris des mesures pour la campagne qu'il voulait ouvrir, vint de Bruxelles à Gand et promit aux Flamands de reprendre Douai, Lille et Orchies, malgré les fortes garnisons que le roi de France y avait laissées. Cet espoir les engagea plus que jamais à son service, car ils se flattaient d'être assez forts tous ensemble pour faire le siège de ces villes et s'en rendre les maîtres. Soudain une diversion opérée à propos par l'escadre française, rappela Edouard en Angleterre. Profitant de son absence, Philippe travailla par présents et par promesses à détacher ses alliés de lui et il y réussit De cette façon, il s'épargna les embarras d'une nouvelle guerre et à Douai les désastres que ces envahissements auraient entraînés à leur suite.

Les dernières années de cette époque sont pour Douai des années de calme et de tranquillité. La ville voit de nouveau ses privilèges, libertés et franchises confirmés par un édit de Philippe de Valois, en date de février 1340. Six ans plus tard, le même prince établit à Douai la foire de Saint-Remy, si chère aux campagnes environnantes et plus chère encore dans les anciens temps à tous les bannis douaisiens, chez qui l'amour du pays fut toujours porté au plus haut point. Au 20 septembre de chaque année, on plantait sur la place d'armes de Douai un arbre que l'on appelait le Banibau, cet arbre restait planté jusqu'au 11 octobre. C'était un signal pour les bannis, ils savaient qu'alors ils pouvaient rentrer dans la ville, y demeurer, s'y divertir en sûreté pendant tout ce laps de temps. Je ne sache pas qu'il y ait pour un

Douaisien un plus grand bonheur que celui là. Enfin le 4 mai 1355, Douai fut visitée par le roi Jean. Ce fut le dernier évènement remarquable qui s'accomplit en cette ville sous la première domination française. On offrit à ce prince les produit du pays : une paire de bœufs portant un château qu'entouraient quatre draps des fabriques de Douai.

Une circonstance toute pacifique vint encore changer la situation de Douai. Philippe-le-Hardi, duc de Bourgogne épousa en 1369 Marguerite de Flandre, héritière de ce comté. La Flandre passa ainsi sous la domination bourguignone et les villes de Douai, Lille et Orchies furent rendues par le roi Charles V à son frère Philippe. Douai fut ainsi de nouveau séparée et détachée de la France.

CHAPITRE IV.

Douai sous les ducs de Bourgogne.

Ce traité ou plutôt la cession dont nous venons de parler faisait rentrer Douai dans son état normal; car Douai, à cette époque, et quoi qu'on ait pu dire, était flamand et non pas français. Ce serait se faire illusion que de croire qu'alors comme maintenant on attachait une aussi haute importance à cette grande unité française qui fait notre gloire et notre force. Douai, nous le répétons, était et voulait rester flamand; mais flamand fortement attaché à la suzeraineté française sans toutefois désirer rien de plus.

Quoique dans ces siècles de chevalerie et d'humeur guerrière, la Flandre et les pays circonvoisins aient presque toujours été le théâtre de guerres

plus ou moins sanglantes, Douai, par le plus grand
des hasards, ne vit point sous les premiers ducs de
Bourgogne et ne ressentit aucunement ces scènes de
désolation. Cette ville fut presque toujours le lieu
de rendez-vous où les parties belligérantes venaient
s'entendre sur leurs intérêts réciproques.

En 1392, le comte de Hainaut et le duc de Brabant avaient vu le roi de France à Péronne, et
l'avaient supplié d'accorder la paix au duc de Bourgogne. Le Dauphin les avaient reçu magnifiquement,
mais le roi n'avait voulu rien entendre. Ils s'en
vinrent donc à Douai, vers le duc leur frère, et celui-
ci-après les avoir ouïs, résolut à continuer la guerre
pour éviter la confiscation dont toutes ses terres
étaient menacées.

Les résultats de cette guerre n'entrant point direc-
tement dans notre sujet, nous les passons sous silence, et nous arrivons immédiatement à la joyeuse
entrée que fit en notre ville le duc de Bourgogne de
tragique mémoire, Jean-sans-Peur. Ce fut le 25 juin
1405 que ce prince vint à Douai avec Marguerite de
Bavière, son épouse ; le beffroi de la ville était alors
en construction et nous verrons plus loin les ré-
flexions que firent à ce sujet le duc et ses courtisans.

Au moment où nous écrivons ces pages destinées
au peuple de Douai et aux étrangers qui de toutes
parts viendront plus que jamais assister à notre fête
annuelle, tout Douai est en émoi ; chacun attend,
chacun espère admirer la marche triomphale que
l'on prépare activement et qui représentera l'entrée
de Jean-sans-Peur en notre ville. Pour nous, nous
ne saurions résister au plaisir de citer en entier un
document ancien déjà, mais que les circonstances
actuelles rendent nouveau et plus curieux encore.
Ce sont les détails de cette entrée que nous tirons
d'un manuscrit ayant pour titre : *Brefve description
des choses remarquables arrivées à Douai depuis l'an
de notre Seigneur 662.*

« Cedit jour (25 juin 1405) Monseigneur le duc

« Jean et Madame Marguerite sa compaigne et espou-
« se, accompagniez de Monseigneur le comte de
« Charollois et de Madame son espouse, avec plu-
« sieurs grands et nobles seigneurs, font leur entrée
« à Douai venant du Chastel de Lens. Le clergé des
« deux églises collégiales, et messieurs de magistrat
« vont en procession, accompagniez des bourgeois
« de la ville et des arbalestriers et archiez par la
« porte d'Esquerchin, au devant desdits comtes et
« comtesses et reviennent avec eux à l'église Saint-
« Pierre pour y faire leurs dévotions, et de là vont
« par la rue de Bellain, par la Grand'place et la rue
« de la Halle, descendre au chastel en leur hôtel de
« la basse court. Le lundi en suivant, ledit seigneur
« et duc accompagné comme dessus, assiste en
« l'église Saint-Pierre au service de la grande mes-
« se, et à l'issue d'icelle vient en la Halle, la grande
« clocque sonnant, et après plusieurs révérences ou
« compliments, s'approche d'une des fenêtre de la
« salle, donnant sur la rue du Pont-à-Val (rue de la
« Mairie actuelle) et là les eschevins en corps de loy
« et tout le peuple lui prêtent le serment suivant :
« Nous jurons et promettons tous garder vos hon-
« neurs, corps, seigneurie et droicts, ainsi que bons
« et loyaux subjects sont et doivent être tenus de
« faire à leur seignenr. Un des clercs de l'eschevi-
« nage lit alors au duc la cédule suivante : Sire,
« vous jurez et promettez garder et tenir les privi-
« léges, franchises, usaigès et coustumes de votre
« ville de Douai, ainsi que vos prédécesseurs comtes
« et comtesses de Flandre ont fait en temps passé. »
« A quoi le duc répond : « Ainsi je jure. »
Lorsque le duc eut prêté serment en la manière
que nous venons de dire, les échevins le prièrent
de visiter les travaux du beffroi ; le duc et les seigneurs le trouvèrent admirable, surtout parce qu'il
permettait de découvrir au loin tant dans la ville
qu'au dehors. Mais le duc pensa et dit que l'on eût
beaucoup mieux fait de travailler aux fortifications

qui se trouvaient alors dans l'état de délabrement le plus complet.

Le même duc, Jean-sans-Peur, vint encore à Douai, onze ans plus tard, après la guerre qui divisa si longtemps les Bourguignons et les Armagnacs et coûta à la France tant de larmes et de sang. Cette guerre ne se termina en réalité qu'à la mort de ce prince lâchement assassiné sur le pont de Montereau.

En 1420, s'ouvrirent à Douai des conférences qui avaient commencé à Lille et se terminèrent à Audenarde; elles eurent lieu entre Philippe-le-Bon, duc de Bourgogne, qui fit l'année suivante son entrée solennelle à Douai, et les députés de Jacqueline, comtesse de Hainaut. Elles avaient pour objet le divorce de cette princesse et du duc de Brabant son mari. Jacqueline, du vivant de son époux, avait épousé un seigneur anglais, le comte de Glocester; mais ce divorce et cette nouvelle union étaient également reprouvés par l'église, et Rome fut appelée à prononcer sur cette cause et à terminer le débat. Marguerite, mère de Jacqueline, appela le duc de Brabant à Douai; et devant Philippe, il fut convenu que Jacqueline serait remise en la garde de ce dernier jusqu'à l'issue du procès. Le résultat n'était pas douteux; la sentence de Rome fut en faveur du duc de Brabant, époux légitime de Jacqueline, et celle-ci dut se remettre sous l'obéissance de son mari.

La même année 1420, des troubles religieux se manifestèrent à Douai; des hérétiques auxquels on avait donné le nom de Turlupins cherchaient à répandre par toute la ville leurs funestes doctrines. Ils tenaient leurs séances hors de la porte Morelle, chez un fermier dont le nom nous échappe, et avaient fait venir de Valenciennes un prédicateur pour les aider dans leur entreprise. Mais des traîtres se trouvèrent parmi eux, et au moment où ils s'y attendaient le moins, on les surprit au milieu de leurs exercices et on les arrêta. Tous furent conduits à Arras pour être jugés par l'évêque de ce diocèse, dont Douai faisait alors partie ; un d'entre-eux, le plus compromis sans doute, y fut exécuté, les autres furent renvoyés à Douai et livrés au bras séculier. Les moins coupables furent condamnés à la prison, les autres furent exécutés sur la place d'Armes. Ils y périrent sur le bûcher, et deux estrades furent construites pour les personnages qui voulurent assister à leur supplice. Celle du clergé s'écroula et plusieurs personnes furent blessées.

Des troubles d'un autre genre et plus sérieux encore éclatèrent à Douai dans le mois de mai 1423. Les échevins de Douai cherchaient à remettre l'ordre dans les finances, qui se trouvaient en désarroi, ils avaient obtenu de Philippe-le-Bon un édit qui les autorisait à prendre telles mesures qu'ils croiraient nécessaires pour réussir dans cette entreprise, et ils décrétèrent que l'on aurait recours à une taxe personnelle. Cette mesure, entièrement désapprouvée par le conseil, excita des troubles dans la ville et l'on dut y renoncer. Les autres moyens qu'on voulut employer, n'eurent pas plus de succès, ils trouvèrent au contraire une violente apposition, et l'on ne put parvenir à calmer l'effervescence qui régnait par la ville. Le gouverneur de la province fut forcé de se rendre lui-même à Douai : il fit saisir les meneurs, donna ordre de les conduire à Lille où ils furent jugés et condamnés au bannissement.

Dix ans plus tard, la rareté des grains se fit sentir dans le pays et fit remettre en vigueur les ordonnances échevinales qui défendaient d'acheter à cinq lieues à la ronde, dans aucun village, les grains destinés à l'approvisionnement et aux marchés de Douai. On s'aperçut bientôt que ces mesures de précaution avaient été prises avec sagesse ; la disette augmenta, devint presque générale, beaucoup de villes se trouvèrent au dépourvu et la cherté des vivres se fit sentir jusque dans le palais des ducs de Bourgogne. Nous voyons en effet Philippe-le-Bon et sa famille prendre, en 1437, leur résidence à Douai parce que le blé, qui manquait partout, y était plus abondant et à un prix plus modéré. Pour éviter la famine que l'accroissement de la population aurait pu occasionner, les échevins crurent prudent de faire sortir de Douai les pauvres, qui en grand nombre y avaient cherché un refuge ; mais le duc ne voulut point que sa présence fît souffrir une partie du peuple, il ordonna qu'on les fît rentrer en ville et même leur accorda secours et protection.

Les deux années suivantes furent marquées, la première par la réception à Douai d'une ambassade envoyée à Philippe-le-Bon par le roi de Navare, la deuxième par le passage en cette ville de madame de Charollais, fille de Charles VII, roi de France.

Quelques évènements d'une médiocre importance tels que l'entrée à Douai de Marguerite d'Yorck, l'achat du fief et de la châtellenie de Douai par les échevins de cette ville, l'établissement de la cérémonie de la Candouille à Saint-Amé, l'incendie du beffroi, nous conduisent jusqu'aux deux tiers du quinzième siècle et nous amènent à une nouvelle période de guerres pour Douai, qui, depuis quelque temps, jouissait, à l'extérieur au moins, d'une paix inaltérable. Mais avant d'aller plus loin, disons en quelques mots ce que c'était que cette cérémonie de la Candouille, qui subsista si longtemps à Douai.

Au milieu du quinzième siècle, les chanoines de Saint-Amé eurent à se plaindre des habitants de la commune de la Comté, canton d'Aubigny, qui avaient fait outrage à leur droit de propriété en détruisant une partie d'un bois qui appartenait à la collégiale de Saint-Amé. Non contents des amendes imposées aux paysans, les chanoines demandèrent et obtinrent que tous les ans l'un d'entre eux viendrait faire réparation de cet outrage. Ce paysan se plaçait en tête de la procession, un cierge allumé dans la main et venait ensuite le déposer sur un chandelier, auprès du maître-autel. Cet usage fut supprimé en 1776.

Prisonnier de Charles-le-Téméraire, après l'entrevue de Péronne, Louis XI, roi de France, fut forcé d'assister au siège et à la reddition de Liège. Il put voir de ses yeux et remarquer les Douaisiens qui y faisaient des prodiges de valeur, aussi s'en souvint-il en temps et lieu. Le 10 mai 1477, malgré la forte garnison que le duc de Bourgogne avait placée à Douai, sous le commandement de M. de Fiennes, Louis XI fit faucher les blés sous les murs de la ville et y établit son camp. Une occasion se présenta bientôt pour les Douaisiens de se venger du roi. Ils la cherchaient depuis longtemps, ils la crurent favorable et la saisirent avec empressement, mais malheureusement le succès ne répondit pas à leur attente, et c'est une défaite que nous avons à enregistrer ici.

Le gouverneur que le roi avait imposé à la ville d'Arras voulut exiger et exigea en effet des bourgeois une somme de vingt mille écus pour fortifier la cité. Ceux de la ville, habitués à ne rien payer que volontairement, craignirent d'être traités de la même manière, fermèrent la porte qui faisait communiquer la ville à la cité et se mirent en défense contre la garnison. Ils envoyèrent des députés aux villes de Douai et de Lille, leurs alliées, et leur firent savoir que les bourgeois de la cité venaient d'être rançonnés et que ceux de la ville avaient à craindre le même sort, s'ils n'étaient promptement secourus. Les Douaisiens, qui avaient plus d'un motif pour se dévouer, n'hésitèrent pas un instant ; ils rassemblèrent leurs troupes, les firent marcher en plein jour et s'avancèrent au secours des bourgeois d'Arras. Mais ils n'arrivèrent pas jusque là, leurs troupes furent défaites en rase campagne et M. de Vergy, qui les commandait, fut fait prisonnier. Toutefois ce ne fut que partie remise et l'occasion, plus heureuse celle fois, se présenta bientôt pour les Douaisiens de prendre une éclatante revanche.

La garnison d'Arras était en discorde avec Douai et lui donnait le nom de ville rouge parce que sa garnison portait une écharpe de cette couleur. Le roi, qui n'avait pas oublié les Douaisiens, profita de ces sentiments et ordonna aux troupes d'Arras de surprendre Douai. Il comptait sans la bonne intelligence qui unissait les bourgeois des deux villes. Les seigneurs qui commandaient à Douai furent avertis secrètement par les habitants d'Arras, qui leur envoyèrent une femme pour les informer des desseins du roi. Ils purent ainsi se préparer à la défense. Sans perdre un instant, ils font fermer la porte d'Arras, observent les mouvements des ennemis qui se glissaient en tapinois dans les moissons, et au moment où ceux-ci pouvaient le moins s'y attendre, ils leur font essuyer une épouvantable décharge d'artillerie. Les ennemis furent d'autant plus déconcertés qu'ils croyaient leur entreprise plus secrète et furent forcés de se retirer promptement et en désordre.

Furieux de voir ses desseins échouer et voyant Douai lui échapper cette fois encore, Louis XI s'en vengea sur les Artésiens ; Arras fut dépeuplé et ses habitants dispersés dans les villes de Paris, de Tours et de Rouen. Joignant la dérision à la cruauté, Louis XI osa encore donner à Arras le nom de ville franche.

Les Douaisiens se distinguèrent aussi à Bruges par la noblesse de leur conduite. Leurs députés avaient été appelés dans cette ville à une réunion où l'on devait traiter de la paix avec la France. Indignés des mauvais traitements faits à l'archiduc Maximilien, auquel en 1478 ils avaient solennellement juré fidélité, ils protestèrent hardiment, quittèrent l'assemblée avec les députés de plusieurs autres villes et se retirèrent dans leurs foyers.

En 1498, Philippe-le-Beau passa avec le roi de

France un traité par lequel ce dernier s'engageait à
ne faire, pour la possession de Douai, que des pour-
suites à l'amiable. C'était un acheminement vers le
traité de Madrid qui allait laisser à l'archiduc et par
conséquent à l'Espagne la tranquille possession de
Douai.

CHAPITRE V.

Douai sous la domination espagnole.

Après la bataille de Pavie, François Ier écrivait à
sa mère : « Madame, tout est perdu fors l'honneur, »
et au nombre de ses pertes il devait compter les prétentions qu'il élevait alors sur toute la Flandre et
sur Douai en particulier. Les Espagnols, déjà maîtres
des Pays-Bas, jetaient depuis longtemps des regards
d'envie sur la Flandre, et cherchaient à agrandir
leurs possessions de ce côté. Le mariage de Marie de
Bourgogne, comtesse de Flandre, avec l'archiduc
Maximilien d'Autriche, avait déjà fait passer la Flandre avec Douai sous la domination autrichienne,
qui bientôt devint espagnole ; mais on craignait la
France. La captivité de François Ier leur parut une
occasion favorable de s'en assurer la tranquille possession et ils la saisirent avec empressement. L'une
des clauses du traité fut que le roi de France renon-
cerait à ses prétentions sur la Flandre et sur Douai.
Dès le mois de janvier 1526, cette ville passa donc
d'une manière certaine sous la domination des Es-
pagnes.

Cela ne la mit pas à l'abri des coups de main que,

dans la suite, on voulut tenter contre elle, maisqu'elle sut repousser chaque fois par ses propres forces. L'amiral Coligny, qui avait besoin de places fortes, jeta ses vues sur Douai, et dès le commencement de l'année 1556, il voulut essayer une entreprise sur cette ville. Il la manqua, par la résistance inattendue qu'il y rencontra, mais pour se dédommager, il courut l'Artois et brûla la petite ville de Lens. A la suite de cette excursion, la trève établie entre la France et l'Espagne fut rompue. Une procession fut établie à Douai en action de grâces de ce que la tentative de l'amiral Coligny avait échouée, et se célébra par la suite jusqu'au premier janvier 1668.

D'autres entreprises du même genre, tentées à différentes époques, ne furent point couronnées d'un plus heureux succès. Les Gueux, qui parcouraient le pays sous la conduite de Jean-Soreau, avaient paru en armes devant Tournai, et manifestaient le dessein de surprendre Douai, où ils entretenaient des intelligences avec de riches marchands hérétiques ; mais ils furent prévenus et déjoués par Noiscames, qui commandait alors le pays.

En 1579, les patriots, après une tentative de revolte qui avait échoué dans la ville quittèrent Douai et, conduits par un aventurier nommé Pésarange, ils s'adjoignirent d'autres bandits que leurs méfaits avaient fait expulser de la Flandre wallonne. Avec ce renfort, ils se crurent en état d'attaquer Douai, se mirent en route au nombre de quatre cents et plus, et arrivèrent la nuit aux environs de Douai. Un paysan qui de grand matin se rendait à son travail, les aperçoit ; n'écoutant que son courage et son dévouement, il monte à cheval et court bride-abattue vers Douai. Les patriots qui ont deviné son dessein, se mettent à sa poursuite, mais il leur échappe, arrive avant eux à Douai, prévient les bourgeois de garde, donne l'éveil à toute la ville et, lorsque Pésarange et sa troupe se présentent, la porte est fermée et leurs sommations n'obtiennent pour réponse qu'une volée de coups de canon. Obligés de se retirer devant des forces supérieures, les patriots battent en retraite et dans leur fuite abandonnent un des leurs, à qui son état d'épuisement ne permet pas de suivre leur course précipitée. Ce malheureux est saisi et pendu sans pitié à un gibet dressé près de la porte d'Ocre.

Douai était sauvé cette fois encore, mais hélas ! une perte bien cruelle vint bientôt diminuer la joie de ce triomphe. Le 21 juin 1580, le commandant de Bouchain tendit à la garnison de Douai un piège odieux auquel celle-ci se laissa prendre. Un messager était venu annonçant avec un air de sincérité auquel il était facile de se méprendre, que la garnison de Bouchain avait résolu de se rendre. Minuit moins un quart fut l'heure à laquelle il fut décidé que le commandant remettrait les clefs de la place. Grande fut la joie des Douaisiens et de la garnison ; tous voulurent sortir et être témoins de cet heureux événement. Le gouverneur, grand nombre de notables, quatre à cinq cents bourgeois, une compagnie d'infanterie, capitaine Lengle, se mirent en route. On les attendait et les précautions étaient prises. On en fait entrer une partie, mais à peine sont-ils dans les remparts qu'on tombe sur eux et qu'on veut les massacrer, alors ils mettent l'épée à la main et vendent chèrement leur vie. Au même instant le canon se fait entendre et ceux qui étaient restés au dehors se voient décimés par l'artillerie. On arrête, on tue, on massacre dans l'obscurité ; la compagnie d'infanterie se rend à discrétion, personne n'échappe excepté quelques-uns laissés pour morts et qui s'en reviennent à Douai dans le plus pitoyable état. Cette nuit jeta le deuil dans toute la ville et longtemps on pleura cette cruelle défaite.

Pendant ce temps Douai devenait de plus en plus espagnol et le traité de Cambrai était venu achever ce que la convention faite à Madrid avait commencé ;

François Ier avait définitivement renoncé à ses prétentions. Remarquons en passant que l'époque où Douai fut sous la domination des Empereurs est loin d'être la moins brillante de son histoire. En effet, nous voyons dès 1530, l'année même qui suit le traité de Cambrai, les échevins solliciter auprès de Charles-Quint l'établissement d'une université à Douai. Louvain, qui déjà en possédait une, ne voyait point sans jalousie une rivale s'élever auprès d'elle et mit tous ses efforts à en empêcher l'érection. Toutefois une enquête fut ordonnée et la ville fut trouvée bien bonne, belle et forte, de bon air, nette, spacieuse, commode et propre à recevoir colléges, bourses et pédagogies. Se rendant aux demandes des échevins, convaincu que la ville était convenable sous tout rapport, confirmé dans son dessein par les bulles du pape Paul IV et de son successeur, méprisant les clameurs de Louvain, Charles-Quint accorda à Douai l'université que désirait cette ville. De plus il détermina la composition de ce corps, lui assigna une dotation et lui accorda des privilèges. L'installation de l'université fut fixée au 5 octobre 1562 et se fit en grande pompe. Voici en quels termes Monsieur Plouvain donne les détails de cette cérémonie.

Le clergé des collégiales et des paroisses, les trinitaires, les dominicains et les cordeliers, auxquels se joignirent les échevins et le conseil de la ville, se rendirent en procession hors de son enceinte, par la porte de Valenciennes et s'avancèrent jusqu'à la maison des malades, où les professeurs s'étaient réunis. Aussitôt ces professeurs furent conduits dans l'église Notre-Dame où la messe du saint Esprit fut chantée. Après la messe, l'université procéda à l'élection de son recteur, et le choix tomba sur M. Wallerand Hangouard, prévôt de Saint-Amé. La procession recommença ensuite et s'arrêta sur le marché (place d'armes). François Richardot, évêque d'Arras, fit la prédication dans une chaire qu'on avait placée sous le pavilon du Dauphin. Après que ce prélat eut terminé son discours, la procession reconduisit le Saint-Sacrement à Notre-Dame, et les échevins présentèrent un banquet magnifique aux professeurs, dans le grand plaidoire de la halle, auquel assistèrent des prélats, des gentilshommes et plusieurs bourgeois. Le lendemain, chaque professeur fit un discours analogue à la circonstance et à ses fonctions. »

Cette fondation revenait de droit à Douai et achevait de lui mériter le nom d'*Athènes du Nord*, dont son goût pour les belles-lettres l'avait déjà rendue digne. Les traditions poétiques étaient en honneur à Douai et la poésie y était cultivée avec succès. La société des clercs Parisiens existait déjà depuis longtemps ; la création de l'université de Donai ne fit que lui donner un nouvel accroissement. Voici ce qu'était cette confrérie douaisienne si connue sous le nom de clercs Parisiens.

Robert de Douai avait, au temps de saint Louis, fondé à Paris le premier collège, si célèbre plus tard, la Sorbonne, et par son testament en confia la direction à son ami Robert de Sorbonne. Parmi les seize boursiers reçus dans cet établissement, sept étaient natifs de Douai ; de retour dans leur pays, ces jeunes gens fondèrent à Douai la confrérie des Clercs Parisiens, qui avait pour but de composer en l'honneur de Notre-Dame des pièces de vers, ballades et chants royaux. On n'y admettait d'abord que des ecclésiastiques et des laïcs qui avaient fait leurs études à Paris ; mais lorsque l'université fut fondée, on accorda aux jeunes gens qui en avaient suivi les cours la faculté de faire partie de cette société. Chaque année, au jour de l'Assomption, des couronnes étaient distribuées aux auteurs des meilleures poésies en l'honneur de la sainte Vierge. Plus tard on n'accorda plus qu'un seul prix, mais il n'en avait que plus de valeur. Toutefois cette institution, comme toutes les bonnes choses, finit par disparaître bientôt ; elle fut supprimée en 1779.

Maintenant que Douai a repris, en partie du moins, son ancienne splendeur littéraire, il serait beau de voir les jeunes gens de talent dont la ville abonde se réunir ainsi pour s'adonner à la poésie. L'antique auréole qui couronne le front de Douai reprendrait son éclat, et ce serait à juste titre que nous nous glorifierions d'être les fils de l'Athènes du Nord. Mais ce n'était pas seulement des sociétés publiques, des séances solennelles et des récompenses accordées au mérite qui faisaient fleurir à Douai cette science que le moyen-âge nommait avec raison le gai savoir, les particuliers, eux aussi, se livraient avec ardeur au culte des muses et faisaient profession d'aimer la poésie. Je n'en veux citer qu'un exemple entre beaucoup, celui du seigneur de Cuincy, qui avait nom Antoine Blondel.

Antoine Blondel était un amateur des plus distingués. Poëte et musicien, il touchait le luth avec la même habileté qu'il maniait la plume. Ses poésies pleines de cette grâce, de cet abandon qui décèlent une grande facilité portent l'empreinte du bon goût. Elles furent imprimées à Douai et elles ont pour titre : Opuscules d'Antoine Blondel, seigneur des Cuincis. Non content d'être lui-même un nouveau troubadour, Blondel appela à lui tout ce qu'il y avait de savants et de poëtes aux alentours. Il fonda une société littéraire à laquelle il donna le nom de banc poétique du baron de Cuincy et le plaça sous l'invocation des neuf muses. La grande assemblée se tenait à la fête de sainte Cécile. Il était impossible qu'avec de tels exemples Douai ne fut ou ne devint une ville essentiellement littéraire et amie des belles-lettres.

Nous voyons en effet une foule d'institutions toutes destinées aux études, prendre naissance à Douai ou s'y développer vers cette époque. L'imprimerie était à peine à l'état d'enfance et déjà Douai avait des imprimeurs établis dans son sein. Dès 1526 on y avait imprimé un livre d'heures ; mais ce qui fait sa gloire c'est d'avoir donné le jour à Jérôme Commelin, reputé le plus savant des imprimeurs, après Henri Etienne. L'érection de l'université vint donner un nouvel élan à cette industrie, plusieurs imprimeries furent établies à Douai et les ouvrages sortis de leurs presses sont encore aujourd'hui avidement recherchés par les connaisseurs. Des collèges, des séminaires vinrent en grand nombre s'établir et se grouper autour de la nouvelle université. Les limites de cet opuscule et le plan qui nous restreint nous empêchent d'entrer dans de grands détails et d'entreprendre la nomenclature des établissements qu'on vit s'élever dans Douai à cette époque, cela nous conduirait trop loin ; mais le nom populaire et le but tout patriotique d'un des séminaires fondés alors nous engage à lui donner une mention toute spéciale.

En 1631, Claude Hattu, bourgeois de Douai, eut l'heureuse idée de fonder en cette ville un séminaire ou plutôt un collège où l'on enseignerait au moins la grammaire aux enfants et par préférence à ses descendants portant le même nom que lui. Trois administrateurs étaient chargés de veiller à ce que les intentions du fondateur fussent remplies et de diriger l'établissement. C'était un procureur syndic de la ville, le curé de Saint-Pierre et un parent du fondateur. Cet établissement, placé sur le rang-est de la rue de l'Université, subsista jusqu'en 1794. Il avait été supprimé dans le mois de janvier 1794 et il fut vendu par l'état en 1796.

Avant de passer à une autre série d'évènements, disons un mot d'une famille princière, célèbre dans l'histoire et dont le nom se retrouve dans les fastes de Douai ; c'est la famille des Montmorency. Elle disparut du pays à peu près vers cette époque, et son souvenir se perdit tellement, que bien peu de personnes avaient connaissance de son séjour à Douai ; mais le savoir et la patience de M. Duthillœul ont prouvé d'une manière incontestable qu'elle avait demeuré en cette ville pendant une longue suite d'années.

La succursale de l'arsenal, établie dans la rue des Chartreux, fut autrefois la résidence des Montmorency ; l'un d'eux, Jean de Montmorency, fut gouverneur de Douai en 1559. On retrouve plus tard les noms de Hugues, de Nicolas, de François de Montmorency, mais à partir du XVIIe siècle on ne les voit apparaître que fort rarement ; enfin après la mort de Floris de Montmorency, il n'en est plus plus question dans l'histoire de Douai.

Quoique devenue pardessus tout une ville de sciences, Douai n'en était pas moins restée ce qu'elle était autrefois, une ville forte de la première importance. Aussi, quoique ses fortifications eussent pris de jour en jour de nouveaux accroissements, Don François de Mello, qui gouvernait les Pays-Bas pour l'Espagne, crut nécessaire d'en augmenter encore les moyens de défense. En 1644, il fit construire dans le pays d'Artois, à une portée de canon de Douai, un fort qu'on appela d'abord fort Saint-Antoine et qu'il mit sous les ordres du gouverneur de Douai. Ce fort commandait le cours de la Scarpe et ne devait pas être un des moindres obstacles à laconquête de Douai.

CHAPITRE VI.

Douai définitivement français.

Cependant le moment approchait où Douai allait, elle aussi, tomber sous la main du grand roi pour ne plus lui échapper. Douai allait faire partie de cette France si glorieuse, si redoutée alors, et devait désormais rester invariablement enchaînée à sa fortune ; réjouissons-nous donc d'un évènement qui aura pour nous de si heureuses conséquences. Si la ville fut rapidement conquise, qu'on se souvienne qu'elle le fut par les Français commandés par Louis XIV en personne, et ne le fut, du reste, qu'après une honorable résistance.

Impatient de se signaler dans la carrière militaire, Louis XIV prit les armes pour revendiquer la dot ou la succession de son épouse et commença ses conquêtes par la Flandre. Le roi d'Espagne, inquiet de ses mouvements, se prépara à la défense, mais il y mit une lenteur désespérante : Aucune troupe ne tenait campagne lorsque le roi de France se présenta ; don François de Mouro, gouverneur pour l'Espagne, n'avait pas même assez de troupes pour compléter les garnisons. A Douai, on répara en toute hâte les fortifications et, faute de troupes, on donna des armes aux professeurs, aux étudiants, aux religieux, aux séminaristes, au clergé même ; on leur assigna des postes en cas d'alarmes, et ce fut avec de pareils soldats, qui pour la plupart préféraient la plume à l'épée, qu'on attendit une armée superbement organisée et commandée par un roi jeune, vaillant, ami des combats et de la gloire et à qui rien n'aurait su résister.

Le premier juillet 1667, Louis XIV fut sous les murs de Douai et investit la ville sans se donner un instant de repos ; le roi voulut même pousser une reconnaissance pour étudier les abords de la place. Le trois juillet, vers le soir, le roi décida qu'on ouvrirait la tranchée sur deux points différents et on commença aussitôt le travail. Les assiégés firent tout ce qu'ils purent pour en entraver l'exécution, et dans de fréquentes sorties en vinrent aux mains avec les troupes françaises. Le lendemain, malgré le feu

continuel des assiégés, le roi, pour examiner la ville
dans tous ses détails, fit le tour de la ville et du fort
et donna des ordres en conséquence. Cependant
les travaux avançaient, les fossés de la contrescarpe
étaient presque comblés, et la résistance devenait
difficile pour ne pas dire inutile. Le roi eut pitié des
assiégés et pour éviter l'effusion du sang, empêcher
les désastres, suites inévitables d'un long siège,
il consentit à parlementer. Il l'écrivit au conseil
de la ville et exhorta les bourgeois à se soumettre.
C'était une planche de salut, on ne manqua pas de
la saisir. Un conseiller pensionnaire nommé Hattu,
se rendit aussitôt près du roi ; il obtint une trève
jusqu'au lendemain pour étudier les articles de la
capitulation et les soumettre à Louis XIV. Enfin le
6, après s'être défendus de leur mieux, les défenseurs
livrèrent les portes à l'armée française, la capitulation fut signée et le lendemain, les Espagnols quittèrent la place et se rendirent à Valenciennes. Le
commandement de la ville fut remis aux mains du
comte d'Aspremont. Le fort de Scarpe, qui avait
puissamment contribué à la résistance, obtint aussi
une capitulation honorable.

Le roi fit sa première entrée par la porte de Va-
lencienne. Les échevins l'attendaient à la barrière
pour lui faire les compliments d'usage et lui offrir
une clef d'or. De là Louis XIV se rendit à Saint-Amé,
reçut les différents corps de la ville et en repartit
le lendemain. Mais ce n'était là qu'une entrée de
vainqueur et qui n'avait rien de splendide. Le 23 du
même mois, Sa Majesté fit à Donai son entrée solennelle et joyeuse avec la reine son épouse. Le roi venait
d'Arras et entra à Douai par la porte qui a le même
nom. Après les compliments du corps municipal,
LL. MM. se mirent en marche pour se rendre au refuge de Marchiennes, où elles devaient loger ; sur
leur passage les rues étaient pavoisées et tendues de
magnifiques tapisseries ; des chars de triomphe

étaient disposés dans le carrefour, Gayant lui-même fit partie du cortège et assista à la cérémonie. LL. MM. se montrèrent enchantées de la réception et en témoignèrent toute leur satisfaction, puis elles se mirent en route pour Orchies, où les troupes les attendaient.

Louis XIV connut dès l'abord tout le parti qu'on pouvait tirer d'une place comme Douai, et il résolut d'en faire une ville d'artillerie. A cet effet, il réunit à Douai tout ce qui était nécessaire pour atteindre son but et statua qu'il y serait établi une fonderie de canons. L'emplacement de l'ancien château fut jugé favorable à établir ces opérations, et Louis XIV approuva le choix qui en avait été fait. Il appela de Brisach, deux frères, Jean-Balthazar et Jean-Jacques Keller, ouvriers habiles dans ces sortes de travaux, et leur confia la direction de la nouvelle fonderie, qui fut établie en 1669. Nous ne suivrons pas la fonderie dans les différentes péripéties qu'entraînèrent les divers changements de directeurs. Un sujet plus attrayant vient se placer sous notre plume et nous l'entamons aussitôt.

Les fêtes communales avaient toujours été en honneur dans la Flandre, chaque ville les célébrait à grand bruit et avait des géants qu'elle promenait par ses rues; mais le Gayant de Douai avait acquis plus de célébrité que les autres et les Douaisiens s'en étaient tellement épris, qu'ils l'appelaient leur grand père. La fête ayant été fixée au 8 juillet pour célébrer l'entrée des Français dans cette ville, la popularité de Gayant n'en fut point diminuée et les Douaisiens continuèrent, comme par le passé, à être fiers de porter le nom d'enfants de Gayant. Cet affection des Douaisiens pour leur Gayant, était bien connue, et l'anecdote suivante rapportée par M. Plouvain en sera la preuve :

M. de Bréande, capitaine d'artillerie, qui avait épousé une demoiselle de Douai, s'était concilié l'amour des habitants de cette ville, et sa compagnie étoit en majeure partie composée de Douaisiens. Il avait concouru avec elle, en 1745, à la prise de la citadelle de Tournai. Le lendemain de cette conquête, le sous-officier chargé du détail de la compagnie, lui dit au rapport que presque tout son monde avait déserté. Le capitaine, étonné de cette nouvelle, se rappela bientôt qu'en ce jour on célébrait à Douai la fête de Gayant et dit à son sergent : Sois tranquille, les enfants de Gayant sont fidèles à leur roi et à leur devoir; et nos gens reviendront dès qu'ils auront vu danser leur grand-père. En effet, la kermesse finie, la compagnie de Bréande se trouva plus que complète, par le retour des canonniers de Douai et par les nouveaux soldats qu'ils amenaient avec eux.

Mais revenons à Louis XIV, et pour n'avoir plus à parler des différents séjours qu'il fit dans cette ville, disons que Douai eut au moins six fois l'honneur de le recevoir dans ses murs. Le roi, cependant, aurait pu craindre qu'une conquête aussi rapide que celle de Douai et de dix autres villes flamandes, n'aurait point eu de solidité, mais effrayé par la promptitude même de ses succès, le roi d'Espagne dut consentir aux conditions qui lui furent imposées. Le traité d'Aix-la-Chapelle, conclu en 1668, assura à la France la possession de Douai.

Quarante ans s'étaient écoulés et Louis XIV n'était plus ce jeune roi que nous avons vu brillant et vainqueur au début d'un règne glorieux. La fortune avait cessé de le favoriser, les désastres le débordaient de toutes parts et ses ennemis se faisaient un jeu d'insulter à sa vieillesse et à son impuissance. La funeste bataille de Malplaquet vint encore ajouter à ses malheurs. La Flandre et Douai allaient de nouveau être perdus pour la France, il fallait un prompt secours pour les délivrer, mais il vint trop tard ou ne fut pas suffisant.

Le lieutenant général d'Albergotti vint prendre

le commandement de la ville. Il avait sous ses ordres une garnison de 7,300 hommes. Il prit toutes
les précautions que lui suggérait la prudence et attendit les ennemis avec la résolution bien arrêtée de
se défendre vaillamment. Le 13 avril 1710, le prince
Eugène et Malborough étaient aux portes de Douai et
investissaient la ville. Voulant multiplier les moyens
de défense, d'Albergotti envoya le capitaine de Rochepierre avec 80 grenadiers prendre position au
château de Wagnonville. L'ennemi commença par
attaquer ce poste et en fit le siège en règle avec six
canons et deux mortiers. Rochepierre tint bon, sou-
sint trois assauts, fut blessé dangereusement, mais
la brèche fut ouverte quand même et déjà l'on par-
lait de se rendre, lorsqu'un soldat commit l'impru-
dence de descendre dans les caves avec des mèches
allumées. Les poudres qui y étaient renfermées s'en-
flammèrent, le château sauta et entraîna dans sa ruine
tous ses valeureux défenseurs. Les alliés profitèrent
de cette circonstance, ouvrirent la tranchée devant
la place dans la nuit du 4 au 5 mai et poussèrent
les travaux avec vigueur. D'Albergotti et ses soldats
ne restaient point inactifs, chaque jour de nouvelles escarmouches venaient inquiéter les ennemis et
mettre du retard à leurs travaux. Bientôt l'assaut fut
donné, les troupes françaises le repoussèrent vigou-
reusement, enfin à bout de ressources, ne voyant
plus le moyen de se défendre, d'Albergotti proposa
de se rendre et finit par capituler. L'armée put se
retirer en bon ordre. Quant au fort de Scarpe, il suivit le sort de la ville. M. du Fort, qui y commandait
pour le roi, avait durant tout le siège tenu l'ennemi
écarté de ses canons. Mais après la reddition de Douai,
il vit bien qu'il ne saurait tenir seul contre des forces aussi nombreuses et se rendit. Il obtint les mê-
mes avantages que la garnison. Louis XIV tenait essentiellement à ne pas décourager ses troupes, et
pour montrer combien il estimait le courage même

malheureux, il accorda à M. d'Albergotti le cordon de l'ordre du Saint-Esprit.

Mais soudain les affaires prirent une autre tournure ; par un coup désespéré et d'une audace inouïe, Villars venait de remporter la célèbre victoire de Denain, qui sauvait la France. Le contre-coup s'en fit ressentir jusqu'à Douai. Un mois après, d'Albergotti accourait pour prendre sa revanche ; le succès ne se fit pas longtemps attendre. Le général ouvrit la tranchée depuis les crètes de Sin jusqu'à la hauteur de la porte de Paris. Le 27 du mois d'août, le fort fut obligé de se rendre. Encouragé par cet heureux résultat, d'Albergotti continua son attaque avec une ardeur fiévreuse et qui ne se démentit point. Le huit septembre, le comte de Hompesch, qui commandait la place, se rendit prisonnier avec toute la garnison qui se réduisait à presque rien. Les troupes françaises entrèrent de nouveau dans la place et Louis XIV, pour célébrer la mémoire de ce triomphe, fit frapper une médaille qui rappelait la prise de Douai, ainsi que celles de Bouchain et du Quesnoy.

Louis XIV qui s'était vu à la veille de perdre son royaume et à qui l'on avait voulu imposer la paix avec des conditions onéreuses, put à son tour parler en maître et exiger que la Flandre et Douai, ses conquêtes de prédilection, lui fussent conservées. Il laissait, il est vrai, un état épuisé par une longue suite de guerres, mais l'honneur était sauf et le territoire était intact. Le soleil couchant de sa gloire avait jeté un dernier rayon dont l'éclat avait rappelé la splendeur des premiers qu'il avait lancés.

Les années qui suivirent furent assez tranquilles, le calme se rétablit à Douai, mais les écoliers en profitèrent pour jouer mille tours de leur façon. Le plus célèbre de leurs exploits, le seul peut-être qui méritât quelque louange, fut le service signalé qu'ils rendirent à un dragon nommé Saint-Bernard. Ce malheureux était né au pays de Liège et dans un dépit d'amour avait quitté sa femme pour venir s'engager au régiment des dragons d'Orléans, qui tenaient garnison à Douai. Mais Saint-Bernard avait compté sans l'amour. L'absence est le plus grand des maux, le dragon ne tarda pas à s'apercevoir de la vérité de cet adage. Il pensa à sa femme, eut regret de l'avoir quittée et entra en correspondance avec elle ; tout naturellement un raccommodement s'ensuivit et la femme pardonnant tout, s'en vint à Douai, consoler celui qu'elle croyait perdu pour toujours. Je laisse à penser quelle fut la joie de se revoir ; le bonheur fut trop vif et quand au bout de huit jours il fallut se quitter, Saint-Bernard n'y put tenir, il déserta, s'enfuit avec sa femme, mais il fut repris à Valenciennes, traduit devant un conseil de guerre et condamné à mort. La sentence devait être exécutée sur le Barlet. C'en était fait de Saint-Bernard, le pauvre dragon allait périr, déjà le prêtre était venu le préparer à la mort, et le malheureux était résigné à son sort. Mais les écoliers veillaient, Saint-Bernard était leur ami et ils seraient morts plutôt que de l'abandonner. Un d'entre eux porte au geôlier Nietsolf, qui contrairement aux habitudes des gens de son métier était assez humain, un d'entre eux, dis-je, porte au geôlier un poulet et une bouteille de vin destinés au prisonnier. Il fallut toutes les instances du geôlier pour le décider à y toucher. Il n'en voulait rien faire; enfin, le geôlier parti, il l'ouvre et soudain un billet s'en échappe et tombe à ses pieds. St-Bernard le ramasse, il y voit la preuve que ses amis ne l'oublient pas, il dort tranquille et le lendemain le prêtre qui doit l'accompagner au supplice est tout surpris de le trouver aussi calme. Dix heures sonnent, c'est l'heure fatale ; l'escorte se met en route et le pauvre dragon est dans l'attente. On arrive à la rue de l'Aiguille, cet endroit et l'un de ceux désignés sur le papier, mais rien ne bouge, Saint-Bernard devient tout tremblant ; cependant la foule augmente, se resserre et devient compacte ; on arrive au pont des Récollets ; trois coups de sifflets retentissent, les écoliers s'élancent, arrachent St-Bernard aux mains des dragons, le font échapper par un égoût qui depuis porta le nom du fugitif et le conduisent dans le couvent des Récollets. On ne put retrouver le condamné, et quelques jours après, revêtu d'un froc de Récollet, il quitta la ville pour n'y plus rentrer.

La guerre vint de nouveau troubler nos provinces, et quelque temps on craignit pour Douai ; le marquis d'Avaray fut envoyé par Maurice de Saxe pour commander la place. Il fit tendre l'inondation autour de la ville et chargea le comte d'Estrés d'établir au Frais-Marais un camp pour surveiller le duc d'Aremberg et les alliés qui s'étaient établis à Lallaing ; le comte d'Estrés changea ensuite la position de son camp et l'établit dans la plaine située entre Dorignies, Lauwain-Planques et Cuincy.

Sur ces entrefaites, un tambour de dragons des alliés vint à Douai en parlementaire. Un nommé Gros-Jean vit un officier qui causait avec le tambour, cette familiarité lui sembla louche et voulant savoir si ses soupçons étaient fondés, il suivit nos deux amis jusqu'à la porte de Lille, et là vit l'officier remettre une lettre au tambour. L'affaire se dessinait parfaitement et Gros-Jean ne s'arrêta pas en si bon chemin, il suivit le soldat jusqu'au faubourg, avisa des cavaliers, fit arrêter le tambour qu'on trouva nanti de la lettre. L'officier, nommé Randeroth, prévenait M. de Gouy, général des alliés, du jour et de l'heure où étant de garde à la porte de Lille, il pourrait livrer la ville aux alliés. La trahison était manifeste, Randeroth fut arrêté dans la rue de Bellain par le major Chevillard. La condamnation ne se fit pas attendre et le 12 septembre Randeroth, en présence de la garnison et d'une partie du camp de Wagnonville, subit la peine capitale sur la place d'armes. Le couteau qui le frappa sortait des fabriques d'un douaisien nommé

Laout ; Randeroth demanda à le baiser, ce qu'on lui accorda volontiers, le remit aux mains de l'exécuteur et eut la tête tranchée d'un seul coup.

Avant de terminer ce chapitre, nous mentionneront quelques célébrités qui naquirent où vécurent à Douai, vers cette époque. Le fameux du Laurentz, auteur du compère Mahieu, était né à Douai, en 1719, profès de la maison des Trinitaires, il déshonora par ses méfaits un ordre qu'il illustrait par ses talents et on dut l'enfermer. Son humeur satirique perçait à travers les barreaux de sa cage, qu'on voyait encore en 1789. Les cloisons étaient couvertes d'épigrammes qu'il y gravait au moyen d'une pointe de fer qu'il s'était procurée.

Le brave général Scalfort, qui s'illustra plus tard dans les armées, comme général de cavalerie, naquit à Douai en 1752. Enfin madame Marceline Desbordes-Valmore, dont nous déplorons encore la perte toute récente, et qui est un des plus beaux fleurons de la couronne poétique de Douai, voyait le jour en cette ville, le 20 juin de la même année.

A l'exemple d'Antoine Blondel, le seigneur de Brunémont était ami des beaux-arts. Son château servait de réunion aux membres de l'académie bocagère, connue sous le nom de Valmuse. Mais tout cela ne devait avoir qu'un temps, la révolution s'avançait à grands pas et l'orage s'amoncelait sur la tête de ces seigneurs insoucieux qui ne voyaient pas le danger qui les menaçait, 89 approchait et Douai, comme toutes les villes, fut le témoin de scènes bien sanguinaires. Nous entreprendrons d'en faire un récit succinct et intéressant, autant que cela nous sera possible.

CHAPITRE VII.

Douai pendant et après la Révolution.

La révolution! ce nom a fait battre bien des cœurs, il en a contristé bien d'autres ; les uns ont exalté de toutes leurs forces les principes de 89, qu'ils nomment immortels, les autres les ont dépréciés outre mesure et les ont mis aussi bas qu'ils ont pu. Où donc est la vérité ? Où elle se trouve toujours : entre les deux extrêmes, la vérité se tient au milieu. Mais notre tâche à nous n'est point de considérer les principes de la révolution, qu'ils soient immortels ou qu'ils ne le soient pas ; notre tâche n'est pas non plus d'en considérer les résultats, quelque féconds ou quelque désastreux qu'ils aient pu être ; nous nous contenterons, en notre qualité d'historien populaire, de relater ici les quelques faits faciles à constater, connus de tous et propres à raviver les souvenirs pratriotiques.

Procédant par ordre chronologique, nous trouvons d'abord une petite émeute que l'on peut raisonnablement considérer comme un contre-coup de celles qu'excita si longtemps à Paris, le pacte de famine. La populace de Douai, elle aussi, avait la ferme conviction que la disette était le résultat des accaparements de quelques particuliers, et ses soupçons se portèrent particulièrement sur monsieur Vanlerberghe , qui habitait un hôtel de la rue du Gouvernement. Il n'en fallut pas davantage, l'hôtel fut envahi et Vanlerberghe, conduit par le peuple à la prison de l'hôtel de ville. Peut-être aurait-il péri sur la route, si quelques officiers de la garnison n'étaient énergiquement intervenus et ne l'avait généreusement pris souleur protection Reconnu innocent par un jugement du premier août 1789, Vanlerberghe fut mis en liberté

Mais ce n'était là que le prélude, d'autres victimes étaient réservées à la soldatesque ou à la fureur populaire. Commençons par le baron de Tott. Homme à la vie agitée, diplomate, guerrier, artiste tout à la fois, homme du monde par excellence, dandy s'il en fut, administrateur habile et éclairé, Tott avait été appelé en 1786 à commander la place de Douai. Son originalité, son enjouement, ses manières aimables, sa politesse digne et affectueuse tout à la fois, avaient su le faire aimer d'un chacun et du soldat en particulier. En 1790, quatre régiments formaient la garnison de Douai, surexcités par les idées de l'époque, ils se mirent en tête de former une fédération comme on en fabriquait tant. Le maréchal n'était point de cet avis et résolut d'empêcher l'accomplissement de leur dessein. Cet ordre ne fit qu'irriter les soldats rendus furieux par la résistance de leur chef, les indisciplinés résolurent, selon l'expression de l'époque, de le lanterner, et parcoururent la ville en manifestant hautement leurs intentions. Tott était trop courageux pour se laisser effrayer par ces menaces et il continua à donner ses ordres comme par le passé. Cette fermeté n'altéra pas un instant l'audace des révoltés et tout fit craindre qu'on ne put point calmer l'émeute. Il fallut l'intervention des officiers du régiment de La Fère. Ceux-ci vinrent trouver le baron, lui exposèrent franchement la situation, et lui firent voir que sa présence dans la ville était un obstacle au rétablissement de la paix. Vaincu par ces raisons, Tott en passa par ce qu'ils voulurent et sous leur escorte quitta la ville, gagna Paris et mourut en Hongrie, où il avait cherché un refuge.

Aux émeutes de la garnison succédèrent celles du peuple auxquelles la garnison, qui avait donné le mauvais exemple, prêta encore malheureusement son concours. La question de la cherté des vivres fut une seconde fois soulevée dans la ville et eut de plus funestes résultats. On s'en prit d'abord à Nicollon, marchand de grains, prétendant qu'il avait enfreint les réglements portés pour la vente des grains. On le saisit dans sa demeure, on l'abima sous les coups et on voulut l'emmener à l'hôtel de ville. N'ayant aucun autre moyen de le sauver, le maire, M. Bonnaire, demanda qu'il fut conduit en prison. Derbaix, capitaine de la garde nationale, se chargea de cette commission et ce ne fut qu'à grande peine qu'il parvint à le tirer des mains de la canaille; mais il paya cher un dévouement inutile. Nicolon ne fut sauvé que momentanément et lui-même y perdit la vie.

Aidé de quelques soldats insubordonés, les factieux se jetèrent sur Derbaix, le désarmèrent et il dut chercher à leur échapper en prenant la fuite. Il s'était caché dans la maison de danse, il y fut découvert et traîné sur la grande place, pendu sans pitié ; et ses camarades, frappés de stupeur, n'osèrent lui porter aucun secours. Mais là ne s'arrêta point la fureur de ces émeutiers forcenés, ils s'acharnèrent sur son cadavre, lui arrachèrent les entrailles et le traînèrent par les rues aux cris de vive la nation. Comme si la bêtise et la cruauté de quelques insensés avaient jamais répondu aux vœux d'une nation douce et civilisée. O meneurs d'un peuple aveugle, ce sont là de vos coups, heureux êtes-vous si votre cœur ne sent point la portée de vos actes. Les auteurs de ce crime, quoique bien connus, ne furent point inquiétés ; ceux là seuls qui avaient cherché à l'empêcher, le maire et quelques notables, furent décrétés d'accusation et ne durent leur salut qu'à l'obligeance d'un ami et à la promptitude de leur fuite.

Tout cela n'était qu'un début et une seule victime, quelques-unes même ne suffisaient point à cette soif de sang que ressentait le monstre populaire. Il lui fallait du sang, les arrestations allèrent grand train et bientôt les couvents, ces asiles de la paix, furent transformés en maisons d'arrêt où l'on entassait les suspects, en dépôt, d'où les victimes ne sortaient que pour marcher à la guillotine. L'ancien séminaire Saint-André devint en 92 une de ces prisons improvisées, mais il changea bientôt de nom et voici dans quelles circonstances. A l'enseigne du *Saumon d'Or*, qu'on peut voir encore aujourd'hui, rue Notre-Dame des Wetz, était une boulangerie, tenue par le sieur Marmouset, connu pour ses opinions légèrement anti-libérales. Marmouset était devenu le point de mire des patriotes, et l'occasion se présenta bientôt de lui faire sentir qu'il n'était pas tout-à-fait en odeur de civisme. On voulut lui arracher la statue de saint Honoré, patron des boulangers, il va sans dire qu'il refusa ; son arrestation fut aussitôt populairement décrétée et le premier il fut installé au séminaire Saint-André, qui depuis porta dérisoirement son nom et fut appelé hôtel des Marmousets.

L'année suivante, le directoire départemental fut établi à Douai, mais cette institution n'empêcha pas les scènes révolutionnaires de se renouveler dans la ville, seulement les acteurs changèrent, et au lieu du peuple on vit les agents de l'autorité eux-mêmes mettre le désordre dans la ville. Bien plus, le peuple avait au moins autrefois une apparence de raison et pouvait, sous de spécieux prétextes, s'en prendre aux personnes et justifier jusqu'à un certain point les débordements de sa fureur brutale. Ici c'est autre chose, on ne s'en prend plus aux personnes, ce sont les monuments que l'on attaque avec un vandalisme stupide, on détruit ce qui ne pouvait nuire, ce qui n'était en somme que les traces d'époques remarquables dans l'histoire. Deux divisions de gendarmes, qu'on avait la bonté d'appeler nationaux, se présentèrent à Douai, le 10 et le 11 octobre 1792. Un de leurs premiers actes fut d'ordonner aux officiers municipaux de briser les statues qui garnissaient la façade extérieure de l'hôtel-de-ville et d'abîmer ainsi un monument qui rappelait à Douai l'époque de ses véritables libertés.

La même année on planta à Douai des arbres de

liberté en masse, on ne savait où les placer, on les comptait par douzaines et il était impossible de parcourir deux rues sans en rencontrer un. Monsieur Plouvain en cite dix des plus connus, ajoutez à cela ceux qui furent plantés pour l'agrément de la chose, et vous verrez qu'à cette époque Douai était un vrai jardin tout émaillé des fleurs de la liberté.

Une pareille liberté méritait bien qu'on la fêtât, aussi ne s'en fit-on point faute et les solennités dites républicaines et qui n'étaient rien moins que vraiment républicaines se succédèrent avec une étonnante rapidité. Il fallait bien amuser le peuple. Le 21 janvier 94, on célébra l'anniversaire de la mort du roi Louis XVI. On avait figuré dans un monument les insignes de la royauté, on avait entassé pêle-mêle des armoiries, des livres religieux ou scientifiques, peu importait, tout ce qui était beau était odieux. On y mit le feu et en un instant tout fut consumé aux acclamations de la foule et au milieu des chants patriotiques. La déesse raison eut aussi son temple et sa fête, on célébra tout, la jeunesse, la vieillesse, le malheur, l'être suprême qu'on avait bien l'air de ne plus connaître, tout excepté le bon ordre dont on avait tant besoin.

Mais tirons un voile sur ce spectacle et passons à un autre ordre de choses. Douai, comme nous avons pu le voir dans le courant de cette histoire, fut une ville privilégiée et peu de cités peuvent se vanter d'avoir reçu la visite d'un si grand nombre de souverains, presque tous les comtes de Flandre, une foule de rois de France, plusieurs souverains d'Espagne et une multitude de personnages célèbres dans l'histoire y passèrent ou y vécurent un certain temps. Deux des grands souverains de la France y vinrent, particulièrement Louis VIV, comme déjà nous l'avons fait remarquer, et Napoléon-le-Grand. Mais parmi tous ces seigneurs, ces rois et ces princes, pas un n'y vécut aussi intimement et n'y vint plus fréquemment que Napoléon 1er.

Lieutenant en second au régiment d'artillerie de la Fère, Napoléon 1er était en garnison à Douai en 1796 et 97. Pendant les deux années qu'il passa à Douai, il logea rue du clocher Saint-Pierre, au N° 28; et je connais certain douaisien qui rapppelle avec beaucoup de plaisir que le grand empereur prenait sa pension chez son aïeule. Ce lieutenant, qui devait devenir empereur, commander à la France et léguer à son neveu un trône et un nom glorieux, suivit à Douai les cours de l'école d'artillerie et acheva de s'y perfectionner dans cette science qui fut peut-être la cause première de son élévation.

Plus tard Napoléon, premier consul, se rendant à Boulogne pour commander l'expédition qui se préparait contre l'Angleterre, s'arrêta à Douai, M. Dutillœul nous permettra de lui emprunter textuellement l'anecdote suivante, qui entre naturellement dans notre récit. « Napoléon logea à l'hôtel de Versailles et se rendit au théâtre dans le plus complet incognito. Il était au parterre, un bon bourgeois, son voisin, lui dit : « Le général Bonaparte est à Douai, et viendra, assure-t-on, au spectacle. — Peut-être, répond Napoléon. — Le connaissez-vous de vue ? — Un peu !

En 1800, Douai fut choisi pour être le chef-lieu du département, mais cette distinction, il est vrai que cette ville en possède bien d'autres, cette distinction, dis-je, ne lui resta pas longtemps et la préfecture fut transportée à Lille; là s'arrête l'histoire de la révolution, nous avons passé sous silence bien des évènements, soit à cause de leur peu d'importance, soit parce qu'ils ne convenaient point à une histoire vraiment populaire et presque anecdotique. Les proscriptions de Dufraise, la mort de Lesurques, mille autres choses qui peut-être auraient intéressé quelques lecteurs, ont été laissées dans la plume; mais les unes sont trop connues pour qu'on ait besoin de les rappeler, d'autres ne valent pas une mention particulière, qu'on nous pardonne donc une omission, légère il est vrai, mais aussi volontaire, comme nous n'hésitons pas à l'avouer.

Reprenant le cours de notre récit, nous arrivons aux jours de l'empire, et Douai, sans jouer un rôle important dans son histoire, y apparaît cependant quelquefois. En 1804, Douai vit encore une fois Napoléon 1er. Il venait d'Arras et entra à Douai précédé par le prince Eugène Beauharnais, qui voyageait avec lui. Un bruit populaire mais dont je n'oserais garantir l'authenticité, rapporte que la voûte par où l'empereur venait d'entrer dans la ville s'écroula quelques instants après son passage.

Durant la révolution, les vicissitudes qui entraînent à leur suite un état presque continuel de guerre obligèrent le gouvernement à mettre plusieurs fois Douai en état de siège , il en fut de même sous l'empire, une série d'ordres et de contre-ordres faisait tendre les eaux à l'entour de la ville, chassait de leurs habitations les habitants des villages voisins, remettait la ville dans son état primitif ; enfin une succession d'alarmes, de craintes et d'alertes ! mais jamais un évènement ne vint faire époque dans ce laps de temps, ni donner seulement une date marquante. Des fêtes, des réjouissances pour les nombreuses victoires remportées dans ces glorieuses années, des ordonnances municipales, des changements de drapeaux, voilà en résumé tout ce qui forme l'histoire de Douai pendant une vingtaine d'années. Toutefois, en 1815, un évènement plus drôlatique que sérieux mais qui toutefois aurait pu prendre une tournure grave et avoir des suites funestes, vint rompre la monotonie qui régnait dans la ville.

La trahison avait abattu l'empereur, et Waterloo avait été le tombeau définitif de sa puissance ; tout retournait aux Bourbons et les paysans, plus peut-être que les autres, tenaient à manifester leurs sentiments. L'idée vint à quelques-uns d'entre eux de s'emparer de Douai, alors en état de siège, et une troupe indisciplinée armée de fourches et de bâtons se présenta devant Douai demandant la remise immédiate de la place; la garnison se rit de leurs menaces et ne tint aucun compte de leur demande, mais le peuple, à qui l'état de siége n'allait guère, prit fait et cause pour les paysans, voulut forcer la garnison à livrer les portes de la villes et abreuva d'outrages ces braves soldats qui, après tout, ne faisaient que remplir leur devoir. Enfin à bout de patience et ne pouvant plus longtemps supporter ces insultes, la garnison amena sur la place d'armes quelques pièces d'artillerie et allait faire feu sur un rassemblement, quand le général Scalfort, qui commandait la garde nationale, méprisant la douleur que lui causait une blessure qu'il avait à la jambe, s'élance à la bouche du canon et s'écrie : Amis, si vous faites feu, c'est moi que vous frapperez le premier. Frappés de cet acte de courage, les canonniers s'arrêtent, épargnent ceux qui les insultaient et étouffent ainsi, dès sa naissance, une lutte qui aurait pu devenir sanglante. Quelques coups de canons tirés d'un fortin situé entre la porte d'Equerchin et la porte d'Arras suffirent pour dissiper la masse des paysans effrayés. Tout rentra dans l'ordre. Le 12 août 1815, le blocus de Douai fut levé, le drapeau blanc flotta de nouveau sur le beffroi et une garnison étrangère fut mise à Douai. Toutefois, d'après le traité du 20 novembre de la même année, les troupes de la ville et du fort réunies ne pouvaient dépasser un effectif de mille hommes.

CONCLUSION

Ici s'arrête notre tâche ; les évènements que nous aurions à raconter pour mener l'histoire de Douai jusqu'à nos jours, nous touchent de trop près pour que nous puissions les aborder sans nous exposer à froisser certaines susceptibilités, bien permises, il est vrai, ou sans paraître flatter un peu trop des personnes qui à tous égards méritent nos louanges, mais que leur position ne nous permet de louer ni trop ni trop peu. Nous nous arrêtons donc puisque nous le devons, mais les faits sont là qui parlent pour nous et qui parlent assez haut. Que d'embellissements notre ville n'a-t-elle pas reçus depuis vingt-cinq ou trente ans, que d'établissements ne se sont-ils pas fondés dans des époques plus ou moins rapprochées ? Douai reprend son ancienne splendeur, la faculté des lettres nous rappelle la vieille université, la société des sciences et arts est un écho des muses d'autrefois, des monuments se relèvent pour remplacer ceux que le temps et le vandalisme ont détruit, honneur à qui a mis Douai dans cette voie de progrès et de résurrection ; honneur à qui l'y fera marcher encore. Quant à nous, enfant de Douai, nous nous associons de grand cœur aux vœux que forme toute la population de notre ville chérie pour la prospérité de notre mère commune. Elève-toi Douai, brille de l'éclat le plus pur, et que les rayons de ta splendeur illuminent de leur éclat les cités amies qui t'environnent.

Paris, 15 juin 1861.

FIN.

TABLE.

Préface de l'Editeur. . . . . page. 6

Chapitre Ier. — Origine et premiers temps de Douai. 9

Chapitre II. — Douai sous les premiers comtes de Flandre. 14

Chapitre III. — Douai presque français 20

Chapitre IV. — Douai sous les ducs de Bourgogne. 28

Chapitre V. — Douai sous la domination espagnole. 36

Chapitre VI. — Douai définitivement français . . 43

Chapitre VII. — Douai pendant et après la révolution 53

Conclusion. 61

Douai, Imp. de L. Crépin.

L'INDUSTRIE
Du Nord et du Pas-de-Calais
JOURNAL
Du Commerce et de l'Industrie — Agriculture — Littérature — Sciences — Beaux-Arts — Théâtre et feuille d'Annonces

TRAITANT

Des Mines, Sucreries, Distilleries et Cours des Places du Nord.

Bureaux : A Lille, 130, rue de Lille, chez HOREMANS ; à Douai, chez L. CREPIN, 52, rue des Procureurs.

CE JOURNAL PARAIT TOUS LES DIMANCHES

Prix d'Abonnement : 1 AN, 14 francs. Envoyer un MANDAT DE POSTE *affranchi*. — **Prix des Annonces :** 25 cent. la ligne. — On traite à forfait pour les Annonces.

AVIS PARTICULIER AUX COMMERÇANTS

Un bon système de publication d'Annonces et de Ré.. imes, doit avoir pour but de mettre les Producteurs et les Vendeurs en rapport direct avec le plus grand nombre possible d'Acheteurs et de Consommateurs.

Pour cela, deux conditions sont indispensables : le bon marché qui permette au petit Commerçant, à l'Artisan laborieux, et quelquefois à l'Innovateur le plus utile de se recommander eux-mêmes, une publication très-étendue.

Telles n'ont pas été les conditions dans lesquelles se sont produites les Annonces et les Réclames avec les modes de publicité adoptés jusqu'à ce jour.

L'Industrie du Nord et du Pas-de-Calais, qui se publie hebdomadairement, est venue combler cette lacune et créer une chose véritablement utile au point de vue de l'intérêt général. Ce journal est déposé dans les principaux Hôtels, Cercles, Cafés, Salles de bains, Embarcadères du chemin de fer, ainsi que dans les principales villes du Nord et du Pas-de-Calais. Par ce dépôt, constamment en permanence, les Souscripteurs peuvent être assurés que les Adresses et les Réclames d'actualité qu'ils auront intérêt à faire connaître, seront parcourues par des milliers de lecteurs, avantage que ne peuvent offrir les journaux dont la périodicité restreinte à vingt-quatre heures, les fait tomber dans l'oubli.

L'Industrie du Nord et du Pas-de-Calais, avec la modicité du prix adopté pour ses insertions, offre encore un autre avantage: celui de rendre les Annonces et les Réclames accessibles à tout le monde.

NOTA. — Les personnes qui voudront recevoir à titre d'essai pendant un mois, ce journal, devront envoyer 1 franc en Timbres, soit à M. HOREMANS, imprimeur, à Lille, ou à M. L. CREPIN, propriétaire-gérant, à Douai (NORD).

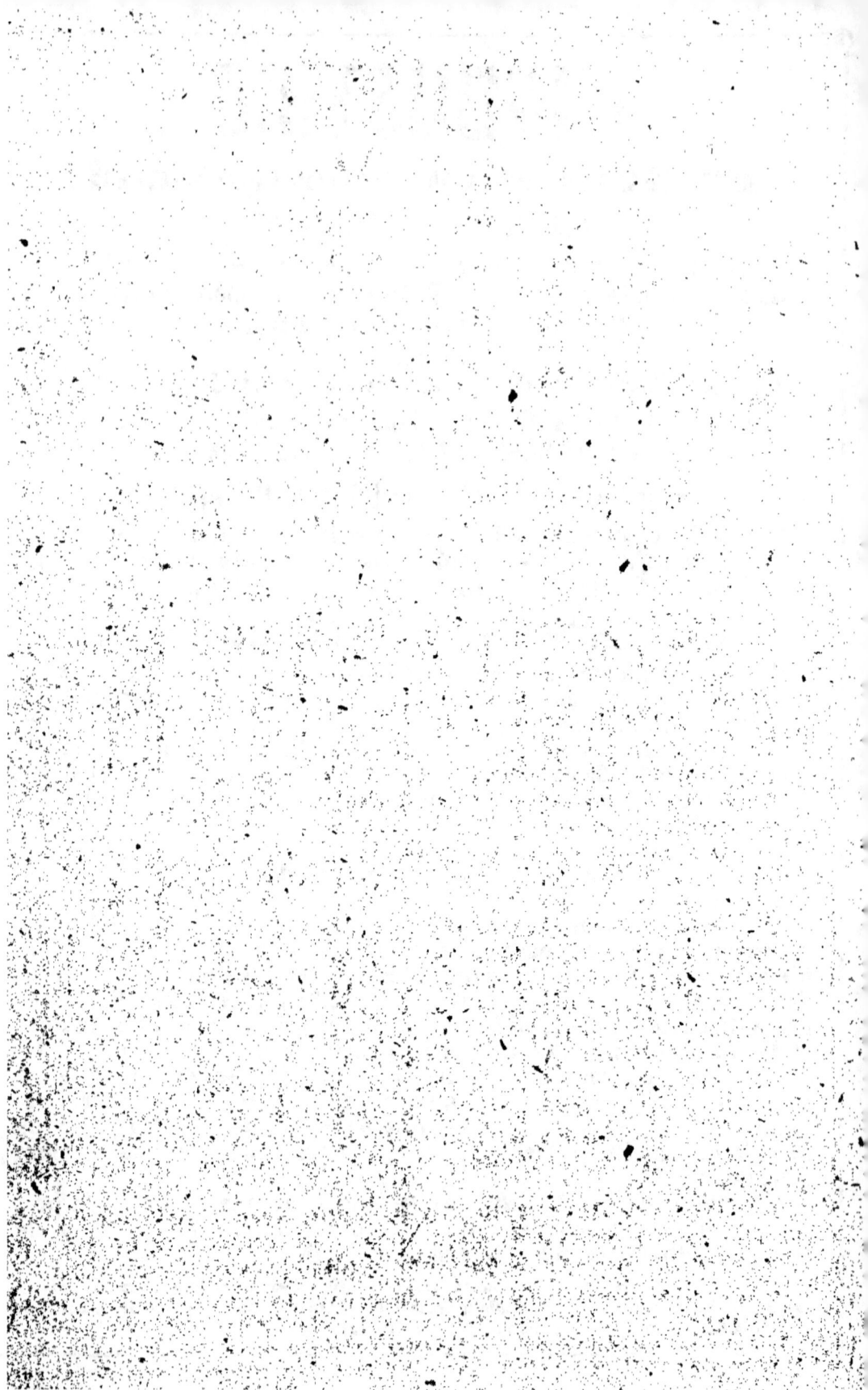

www.ingramcontent.com/pod-product-compliance
Lightning Source LLC
LaVergne TN
LVHW022121080426
835511LV00007B/962